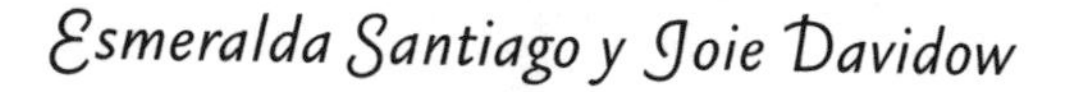

LAS CHRISTMAS

Esmeralda Santiago es la autora de dos volúmenes de memorias, When I Was Puerto Rican *(publicado en inglés y traducido al español y publicado por Vintage) y* Almost a Woman, *y una novela,* America's Dream *(también publicada en inglés y traducida al español). Vive en Katonah, Nueva York.*

Joie Davidow era la fundadora de L.A. Weekly, L.A. Style, *y* Sí, *una revista de estilo latino. Vive en Los Angeles.*

LAS
CHRISTMAS

Las Christmas

ESCRITORES LATINOS RECUERDAN LAS TRADICIONES NAVIDEÑAS

Esmeralda Santiago y Joie Davidow, editoras

Ilustraciones de José Ortega

VINTAGE ESPAÑOL
Vintage Books
Una división de Random House, Inc.
Nueva York

Primera edición Vintage Español,
noviembre 1998

Con la excepción de "Nochebuena *Good Night*", "Una Navidad como ninguna otra", "Jibarismos" y las canciones tradicionales, la traducción es de Consuelo Arias.

Las siguientes traducciones fueron realizadas con la colaboración de los autores: "Dulce de naranja", "Azabache", "Una muñeca como la de Jenny", "Un poquito de tu amor . . .", "No volví a casa (Navidad 1941)", "Un poquito de alegría".

ISBN: 0-375-70169-9
LC NUMBER: 98-29752

Diseñado por Cassandra J. Pappas

Impreso en los Estados Unidos de América
10 9 8 7 6 5 4

Índice

Cuentos

Poemas y Canciónes

Menú

Están cordialmente invitados a una cena navideña en nuestra casa . . .

Introducción

EN LAS AMÉRICAS HISPANOHABLANTES, la Navidad es mucho más que una fiesta de un día inevitablemente seguida de unas facturas asombrosas de tarjetas de crédito. Las celebraciones duran semanas, empiezan mucho antes del 25 de diciembre y siguen hasta la fiesta de la Epifanía, el 6 de enero, el Día de los Reyes. En estos países, las Navidades se distinguen por mucho más festejo y menos consumismo que su versión norteamericana.

En México se inicia la temporada el 16 de diciembre, la primera noche de las procesiones de las posadas, que culminan en Nochebuena. Los desfiles van iluminados con velas, evocando el viaje de María y José buscando hospedaje por la Tierra Santa. Los niños, que van en cabeza de los desfiles, llevan el nacimiento con las figuritas de barro que representan a María y a José en burro, y el ángel que los vigilaba en su viaje de Nazaret a Belén. Al llegar a la primera "posada", los caminantes se detienen y cantan la canción de José pidiendo hospedaje. El que está dentro, haciendo el papel de posadero, les responde en su canto que se vayan porque no hay espacio. Pero por fin se da cuenta de que los que cantan son la Sagrada Familia. Entonces les responde con una bienvenida, y les abren la puerta. La fiesta sigue en la casa con tragos, dulces y una piñata para los niños.

Las parrandas de Puerto Rico son parecidas. Aunque se hayan olvidado los orígenes sagrados casi del todo, la costumbre de ir de casa en casa todavía se conserva. Las canciones han ido perdiendo las referencias al viaje de María y José, y ahora tienen más referencias a las tradiciones del mundo rural puertorriqueño que han ido desapareciéndose.

La Navidad en el Caribe y en Sudamérica cae justamente en pleno verano, donde los climas tropicales y templados excluyen la imagen del blanco paraíso invernal. No llega Santa Claus en su trineo acompañado por campanitas en la nieve y los renos y no hay medias llenas de regalitos colgadas en la repisa sobre la chimenea. La Navidad latina es una fiesta familiar para los mayores y para los niños que se celebra con abundancia de comida, bebida, música y bailes tradicionales.

En México y en otros países latinos, se celebra la misa del gallo a medianoche el 24 de diciembre. Después de la misa hay un espectáculo de fuegos artificiales clausurado con el repique de las campanas que marca el regreso a la casa para disfrutar del banquete navideño.

Hoy día los niños mexicanos sí reciben regalos el Día de Navidad, pero también se conserva la tradición de dejar los zapatos llenos de hierba debajo de la cama la noche del 5 de enero para que los burros de los Reyes coman al llegar. Los regalos que traen los Reyes recuerdan los que le llevaron al Niño Jesús al nacer. Las fiestas terminan el 6 de enero, el Día de la Epifanía. Se sirve la típica rosca de Reyes, una delicia que lleva especies, fruta seca y una muñequita. El que la encuentra tiene que encargarse de la próxima fiesta, que ya se va acercando: la Candelaria, el 2 de febrero.

Estas tradiciones se hicieron importantes en mi vida como editora de la revista *Sí*, que cerró a finales de 1996. Lo pasamos muy bien preparando el último número, no sólo porque sabíamos que era el último, sino porque se lo dedicamos a las tradiciones navideñas del Caribe y Sudamérica. Invitamos a ocho escritores latinos de renombre a contribuir sus recuerdos navideños para una sección especial. Pretendíamos ofrecer una selección de relatos que abarcara tanto las tradiciones sur y centroamericanas como las del Caribe hispanohablante y las de los latinos que han sido criados aquí en los Estados Unidos. Incluimos textos de mexicano-americanos de San Francisco y de cubano-americanos de Miami, así representando las diversas formas de conservar, transformar o incluso perder los típicos ritos navideños.

Esperábamos recibir un simpático repertorio de cuadros navideños describiendo las tradiciones de la heterogénea cultura "latina"—relatos sentimentales de los puertorriqueños cantando aguinaldos, de los mexicanos desfilando en las iluminados posadas y luego comiendo los dulces y crujientes buñuelos y bebiendo su atole de chocolate, de los cubanos celebrando con su banquete de lechón.

Pero los textos que nos mandaron no eran lo que esperábamos, no siempre eran esos retratos de felicidad infantil. Descubrimos que las Navidades desencadenan toda una gama de emociones complejas. La fiesta que más ilusión produce y que casi exige que las familias se reunan en un contexto de abundancia, armonía, cariño y felicidad sin par, es también el contexto ideal para la desilusión y el drama conflictivo. Todos los elementos que constituyen el mundo de la fantasía infantil se magnifican con las exigencias de la temporada y por tanto pueden generar unas emociones y conflictos desgarradores.

Para el niño pobre, no existe el amanecer navideño colmado de alegría, no existe el gesto de perderse en montones de regalos envueltos en papeles de colores brillantes. El niño inmigrante recién llegado a los Estados Unidos, tiene que enfrentarse con una cultura ajena, y el mayor asombro es esa primera Navidad norteamericana, con todo su exceso y derroche. Incluso en el mejor de los casos, las reuniones familiares no están libres de conflicto. Siempre habrá un tío que bebe demasiado ron, una tía loca, un padre ausente, unos primos pesadísimos. Las Navidades también pueden ser momentos de revelaciones amargas, momentos cuando los mayores están demasiado distraídos para poder mantener la máscara cotidiana con la que protegen a los niños de la realidad.

Hubo un hilo de desgracia y confusión conectando esos cuentos que recibimos para ese número especial navideño. Las reacciones de los autores a las tristezas y las desdichas que enfrentaron de niños oscilaban entre lo conmovedor y lo gracioso: la angustia de la niña enfrentada con el "asesinato" de su cabrito en el relato de Estela Herrera y la mirada satírica de Jaime Manrique frente a los atentados de suicidio de sus tías enamoradizas. Pero también aparece el asombro, la reacción del niño maravillado por la magia de la Navidad.

Al leer los relatos que nos iban llegando, nos dimos cuenta que las emociones y situaciones—y no digamos la cantidad de textos—representadas, superaban los límites de una edición especial de una revista.

La colaboración en la revista *Sí* engendró y nutrió una amistad entre Esmeralda Santiago y yo. Su cuento fue el primero de la serie en aquel número de *Sí*. Empezamos a ver los recuerdos navideños como parte de un proyecto más amplio y abarcador. Este libro es el fruto de la colaboración y trabajo de un año entero.

Invitamos a más escritores, ahora concentrándonos en la expansión de las fronteras geográficas. Invitamos a amigos, colegas y escritores cuyo trabajo admirábamos y a algunos quienes ni siquiera habíamos conocido. En ese entonces ya sabíamos que había una universalidad que trascendía la nacionalidad o etnicidad de los autores. Pero a pesar de todo, nos asombró la intensidad de emociones reveladas en algunos textos.

Cada cuento que nos llegaba era como un regalo de Navidad. Leerlos era como desenvolver regalos inesperados. Nos emocionamos al tener el privilegio de compartir experiencias muy íntimas con los escritores. Los cuentos eran como secretos de un amigo íntimo que nos decía "Así fue mi niñez, así era mi familia. Así era el mundo desde mi perspectiva infantil, la mirada de ese niño que fui yo".

Ahora que tenían la posibilidad de escribir textos más largos, los autores pudieron extraer de la Navidad experiencias compartidas: la pobreza, la alienación, la pérdida de la inocencia y la conciencia creciente del niño con respecto a las realidades duras de la vida. Gary Soto recuerda la escasez y la pobreza de su infancia, exacerbadas en Navidad. Michael Nava revela la humillación que experimentó de niño en una fiesta navideña organizada por una sociedad benéfica. Julia Alvarez describe el momento terrorífico cuando la terrible realidad de vivir bajo una dictadura quebró el mundo protegido de una niña.

Las experiencias específicamente latinas—sobre todo las situaciones que nacen de la complejidad de vivir en las fronteras de dos culturas— generan una gracia a veces absurda y casi siempre involuntaria. La hibridez cultural cifrada en lo culinario —la yuxtaposición de *latkes* judíos con mole— marca la infancia mexicana de Ilán Stavans. El contraste entre las tradiciones navideñas de sus países natales y los nuevos contextos del "norte" se van articulando en los relatos de Francisco Goldman y Ray Suárez. Las posadas en un pueblo de Massachusetts y las parrandas tropicales en pleno Chicago invernal se hacen emblemas de estos contrastes.

También se expresan el calor y la alegría de la Navidad. La cocina navideña quizás sea el elemento común de los recuerdos. Hay algo tangible y alegre en los recuerdos de la buena mesa navideña. La puertorriqueña Rosario Morales recuerda los asopaos que preparaba su madre, y el poeta colombiano Jaime Manrique describe los pasteles inolvidables de las celebraciones en Colombia. ¡La lectura nos despertó el hambre a nosotras! ¿Qué hay en la receta de pescado a la veracruzana de la abuela de Stavans que todavía conmueve al autor a través de la distancia temporal y espacial? ¿Y por qué se llama "El Pernil" el boxeador álter ego de Martín Espada? Queríamos saber los ingredientes y procesos mágicos de las recetas que habían seguido las madres, tías y hermanas de los escritores.

El recuerdo culinario navideño —presente en casi todos los textos— generó la idea de confeccionar un menú especial para un banquete, desde luego imaginario, único y panlatino. Esmeralda y yo nos rendimos a la tentación de llamar a los autores para pedirles que llamaran a sus familiares para conseguir las recetas. Hicimos llamadas, consultamos libros de cocina y comparamos recetas. De pronto el banquete imaginario, a través de las distancias de la inmensa geografía norteamericana, empezó a realizarse. El aroma del arroz con coco que emanaba de la cocina de Esmeralda, en Westchester County, Nueva York, se escapaba y viajaba a mi cocina, en Los Angeles, California, y se mezclaba con la fragancia de los bizcochitos de anís. Nos entregamos a la tarea placentera de probar recetas, hacer ajustes, experimentar, y desde luego, degustar las maravillas culinarias que se iban confeccionando.

Por fin estábamos listas para preparar nuestro banquete navideño real. Laura Cohen, una amiga de Esmeralda, fue muy generosa —nos prestó su preciosa y enorme cocina. Les dimos pequeñas tareas a los amigos para que nos ayudaran con el trabajo preliminar de investigar, buscar y conseguir. Y luego me puse yo en marcha. Como sabía que sería difícil conseguir algunos productos en los supermercados de Westchester, metí botellitas de pico de gallo y sobrecitos llenos de pasta de achiote en la maleta. Después de haber enviado por FedEx dos cajas repletas de tesoros comprados en mi barrio —hojas de plátano, chiles, queso blanco— me fui al aeropuerto y me subí al avión.

El día del gran banquete por fin llegó. La madre de Esmeralda estaba pendiente de nuestras llamadas desesperadas por conseguir algún ingrediente que nos enviara desde la Florida. Y como siempre ocurre con los amantes de la buena mesa, la fiesta empezó en la cocina. Eramos ocho mujeres —viejas y nuevas amigas, madres, hijas— envolviendo hojas de plátano o de maíz para los pasteles y tamales, picando ajo, mezclando ingredientes. Hasta los perritos se entusiasmaron —daban vueltas por la cocina con esa mirada ilusionada, ansiosamente esperando los pedacitos de alguna delicia que se nos cayera al suelo.

En el frenesí de última hora parecíamos unas samurai latinas —picando cebollas y tomates, haciendo fila para la licuadora y la estufa. Esmeralda alivió la tensión sirviendo la primera ronda de coquito, la deliciosamente peligrosa bebida puertorriqueña de coco, crema y ron. Llegaron los invitados —amigos, maridos, hermanos y hermanitas— en tropel. Lo probamos todo. La mayoría de los platos fueron premiados con elogios hiperbólicos, y los que tenían pequeños fallos se iban corrigiendo cariñosamente.

Cuando terminamos de comer, cuando ya no podíamos mover un dedo —o por cansancio o por exceso de coquito— Esmeralda subió el volumen de la música y las mujeres nos pusimos a salsear. Los hombres eran nuestro público —felices, satisfechos y un poco atontados.

Las ventanas se convirtieron en cuadros blanqueados por la primera nevada de la temporada. La Navidad llegaría —otra vez— en un par de semanas. De pronto, el salón de Westchester abarrotado de gente, música y comida se transformó en la apoteosis de todos los salones y fiestas de nuestro libro. Yo estaba sumergida en una ola de sentimiento y nostalgia. Ahí estaban las viejas amigas, gente con quien había compartido años de mi vida; las nuevas amigas, ahora ya hermanas; niñas ya adolescentes que recuerdo como regalitos envueltos en las opulentas barrigas de mis amigas. El salón se iluminaba con la luz y el calor de la chimenea y de los placeres compartidos. Estaba agotada y saciada, con una pequeña nota del coquito. "Esto es la Navidad" pensé. Por fin descubrí la magia.

JOIE DAVIDOW

LAS
CHRISTMAS

Aurora Levins Morales

Aurora Levins Morales es de Maricao, Puerto Rico. Ha publicado en la revista Ms., The American Voice *y varias antologías. Es coautora (con su madre, Rosario Morales) de una colección de poesía y prosa autobiográfica,* Getting Home Alive *(Firebrand Books). Una colección de ensayos,* Medicine Stories: History, Culture and the Politics of Integrity *(South End Press), y* Remedios: Stories of Earth and Iron from the History of Puertorriqueños *(Beacon, 1998), un relato en prosa poética sobre la historia puertorriqueña desde la perspectiva de la mujer, son sus libros más recientes. Es profesora de historia puertorriqueña en la Universidad de California, Berkeley, y de estudios de la mujer en la Universidad de Minnesota. Divide su tiempo entre los dos estados.*

DULCE DE NARANJA

EN PUERTO RICO las Navidades son una temporada, no un solo día. A principios de diciembre, ya pasada la peligrosa temporada de los huracanes, las densas lluvias del otoño se retiran y el sol inunda la Isla. Ya para marzo esto se convierte en problema. Los embalses se vacían y en las orillas del Lago Luchetti aparecen fajas más y más anchas de lodo rojo, hasta que por fin el mismo fondo del lago se convierte en copas de arcilla dura y aparecen los esqueletos de antiguas casas ahogadas.

Entonces la gente mira al cielo con la esperanza ansiosa de que venga la lluvia y que en los cafetales las fragantes flores de abril no se marchiten. Pero, por ahora el sol brilla sobre las ramas cargadas de café verdimaduro, ya empezando a enrojecer. Las naranjas enardecen en los árboles, los aguinaldos empiezan a dominar las ondas de Radio Café y las mujeres comienzan a rallar yuca y plátano para los pasteles y palpar a los lechones y las gallinas para calcular el mejor momento para la matanza.

Era el 1962 o quizás el 1965. Cualquier de esos años. El Barrio Indiera Baja de Maricao y el Barrio Rubias de Yauco estaban entre los poblados más remotos de la Isla, montados sobre lo más alto de la cordillera entre las ruinas enmohecidas de antiguas haciendas cafeteras, sus casas y ranchos abandonados cuando cambiaron las corrientes del comercio internacional. Hace un siglo, Yauco y Maricao lucharon amargamente por estos terrenos de primera, cuando el café puertorriqueño era el mejor del mundo. Pero Brasil inundó el mercado con variedades mucho más baratos y de cultivo rápido. Llegaron huracanes e invasiones y la region cafetera fue decayendo.

En los sesenta, años de mi niñez, la mayoría de la población de Indiera todavía trabajaba en el café, pero todo el mundo, menos un puñado de hacendados, recibía cupones, y los jóvenes se iban a trabajar en los pueblos o se embarcaban para Nueva York y Connecticut.

Estos eran los años de modernización. Siempre estaban construyendo o inaugurando algo. Represas, puentes, carreteras, plazas comerciales y urbanizaciones. Los helicópteros cruzaban las montañas instalando postes eléctricos donde los camiones no alcanzaban, a la misma vez pendientes para descubrir algún alambique ilegal. Durante toda mi niñez, el acueducto con su promesa de agua corriente se iba acercando pulgada por pulgada con mucha ostentación y poco resultado. Cuando los tubos por fin se habían instalado, los ingenieros descubrieron que la mayoría del tiempo no había suficiente presión para subir el agua por las cuestas agudas al norte del embalse. Una vez al mes las llaves, siempre abiertas, chisporroteaban. Alguien gritaba "¡acueduuuuuuucto!" y todos corrían a llenar los baldes de agua antes de que los tubos se sequaron de nuevo.

Las Navidades eran el tiempo para la extravagancia en el medio de la escasez—la comida guardada para cubrir abundantemente a la mesa, la ropa nueva comprada en el pueblo o hecha por una vecina, los muebles pagados a plazos con la cosecha que viene. Uno de estos años, el esposo de doña Gina le compró una estufa con horno, y todos los vecinos salieron para verla. ¡Iban a asar el lechón en la casa! Claro, no uno entero, pero estuve allí mirando cuando don Lencho le tajó el cuero afeitado y le metió puñados de ajo majado, orégano, aceite con achiote, vinagre, pimienta y sal. Doña Gina hacía arroz con dulce, plato tras plato, perfumado de canela y con sabor a coco. Los olores tenían a todos los niños dando vueltas por la cocina como tiburones hambrientos.

Esto fue antes de que apareciera una antena de televisor en cada casa suficientemente grande para poner una silla. Mi hermano y yo íbamos a la casa de los Canabal de vez en cuando para ver un episodio de "Bonanza" doblado al español. Me gustaba ver los labios moverse completamente fuera de sincronización con la voz que decía "¡Vámonos, Hoss!" Ya para 1966 habría un televisor en el salón del séptimo grado en la escuela Arturo Lluberas, llegando a Yauco—y las muchachas mayores se amontonarían para ver "El *Show* de Mediodía". Pero en Indiera y Rubias la gente todavía no había adictado a los especiales navideños, así que cuando empezaba la temporada, la gente afinaba sus cuatros y guitarras, sacaba los güiros y maracas y se iba de casa en casa en busca de bebidas gratis. Así que, mientras don Lencho pringaba el pernil, Chago, Néstor y Papo tocaban aguinaldos y plenas, y Carmencita improvisaba versos con Papo, cada cual tratando de superar al otro con sus picardías. Los inivitados gritaban y aplaudían los versos más penetrantes. Nadie habló mucho de Cheíto y Luis allá en Vietnam, o del novio de Adita que se le fugó la semana antes de la boda con una adolescente embarazada, o de don Toño, que siempre tosía sangre. "Gracias a Dios", decía doña Gina, "aquí estamos."

Durante las Navidades, los carros de familiares de la ciudad empezaban a aparecer, estacionados en la carretera entre los jeeps verdes y rojas. Mis amigas tenían que vestirse de trajes almidonados y quedarse cerca de sus casas y los muchachos mostraban una solemnidad poco natural en sus camisas blancas planchadas, con su pelo domado por pomada.

Los familiares nuestros estaban casi todos en Nueva York, pero a veces llegaba una visita desde lejos, anunciado antes por carta, o de vez en cuando un aventurero suficientemente atrevido para tratar de encontrar la finca con unas pocas palabras de español y un papelito con nuestros nombres.

Los vecinos cosechaban gandules y cortaban plátanos, pero nosotros no cultivabamos nuestros terrenos. Mi padre iba a San Juan todas las semanas para enseñar en la universidad, y a la vuelta hacía la mayoría de la compra en el supermercado Pueblo, a la salida de la ciudad. A veces todas esas bolsas llenas de comida me pesaban en la conciencia, especialmente cuando iba a la tienda con Tata y le pedía a don Paco que le pusiera otra libra de arroz en la cuenta. Mi padre era biólogo y trabajaba en la capital. Nos traía *blintzes* congelados, *English muffins*, galletitas elegantes y pan con dátiles y nueces.

Pero en las Navidades parecía, por un tiempito, que todos tenían lo suficiente. Mi padre nos traía turrón español—dulce pegajoso y blanco, lleno de almendras y envuelto en un fino papel comestible. El mejor turrón era el más duro, el que se tenía que romper con martillo. Tambien habían pastas de frutas, intensamente dulces, que se comían con queso blanco del país. Algunos eran de guayaba, de un moreno rojizo denso, otros de mango dorado, de batata azucarado, color café claro, y de coco blanco resplandeciente. El que más me gustaba era el dulce de naranja, con su mezcla seductora de sabores amargas y dulces que jugueteaban en la boca. Mi familia no comía cerdo, pero mi papá cocinaba carne bif de lata con pasas y cebollas, y era el mejor tostonero judío del mundo.

Para los vecinos, los árboles de Navidad eran todavía una costumbre extraña de los gringos. Pero en nuestra casa de neoyorquinos transplantados—mi madre puertorriqueña, mi padre judío y nosotros dos (y luego tres), los americanitos, críandonos como guayabas salvajes entre las malezas de un cafetal medio abandonado—siempre buscábamos algo para decorar. Un año cortamos una pequeña arboleda de bambú y adornamos las ramas con docenas de pequeñas aves de *origami* en papel dorado y plateado. Otro año escogimos las flores enrollados de señorita color rojo flamante, con las bolitas tradicionales navideños reluciendo entre el follaje verde y espeso. A veces teníamos ramas de pino australiano con los adornos viejos que habíamos traido de Nuevo York en el año 1960—unos adornos nacarados, con huecos tallados en forma de cono con pliegos de luz dorada y plateada.

El único teléfono estaba en la cruce de las carreteras, y casi nunca funcionaba. Fuera de los viajes semanales de mi padre, el correo era nuestro único contacto con el mundo más allá del barrio. Todos los días durante las Navidades, cuando mi hermano y yo pasábamos por el cruce para recoger el correo, habían sobres de colores brillantes que nos traían felicidades de personas distantes que nunca habíamos conocido. Pero tambien habían paquetes. Teníamos un goloso serio en cada lado de la familia. Cada año mi abuela judía nos enviaba latas de caramelos envueltos en papel tornasolado que mi hermano y yo guardábamos por semanas. Cada año mi abuelo puertorriqueño mandaba cajas de almendras azucaradas de colores pastel y enormes bolsas de *Hershey's Kisses* y *Tootsie Rolls*.

Claro, también era la temporada del ron, de jeeps tambaleantes, llenos de gente festiva en constante movimiento por las carreteras estrechas y serpentinas de las montañas. Se oía la risa y las voces subir y bajar con su pasaje por las curvas. Por todas las orillas de la carretera hay pequeñas ermitas—cruces blancas o piedras pintadas, con flores artificiales y las fechas de terribles accidentes. Choques de frente entre dos choferes que lucharon demasiado por dominar la carretera. Sitios donde el chofer se equivocó de rumbo en una curva oscura y chocó con un árbol o se tiró por la orilla del precipicio, derrumbándose en un arco vertiginoso, por fin estrellándose sobre las ramas rotas de toronjales y pomarosas, dejando un ancho rastro de destrucción. En algunos de esos barrancos todavía quedan los pedazos enmohecidos de viejos carros y camiones que nadie pudo sacar una vez llevados los cadáveres al entierro.

Fue el ron, el año que murió el papá de mi mejor amiga. Apenas Navidades, a principios de diciembre, y ya todos estaban en plena fiesta. Chiqui, Tata, Chinita y yo pasábamos mucho tiempo afuera en el camino, mientras adentro, mujeres vestidas de negro rezaban, limpiaban y cocinaban. De vez en cuando una de ellas salía al balcón y llamaba a Tata o a Chiqui, que eran primas, para que trajeran algo de la tienda o bajaran al pozo para buscar más baldes de agua.

En Indiera a nadie se le llamaba por su nombre. Solamente en la escuela, cuando la maestra pasaba la lista, es que uno llegaba a saber que todas esas *Tatas* y *Titas*, todos los *Papos* y los *Juniors* realmente se llamaban Milagros y Carmen María, José Luis y Dionisio. Los pocos nombres que se usaban se ponían suaves e indistinctos en nuestras bocas, en ese español puertorriqueño y campesino que heredamos de inmigrantes andaluces que poblaron las montañas hace siglos, a la más distancia posible, tanto de la Iglesia como del Estado. Mezclamos la jerga yanqui con los acentos arcaicos del siglo dieciséis, transformando *Ricardo* en *Jicaldo* mientras *Wilson* se convertía en *Güilsong*. En los sesenta, el radio todavía anunciaba los nombres de santos dables a niños nacidos en ese día. Supuestamente fue así que la gente terminó con nombres como *Migdonio*, *Eduvigis* e *Idelfonso*.

En todo caso, el papá de Tata se estaba muriendo del alcoholismo, su hígado por fin rindiéndose a los cuarenta o cincuenta años de demasiados tragos. Quizás su corazón también le había fallado bajo el peso de todos los golpes y abusos que les había brindado a su mujer y a sus catorce hijos. Tata era la más pequeña—de diez años, flaca y ligera. Sus sobrinas y sobrinos del pueblo eran mayores que ella, pero en los días solemnes de esperar a la muerte, usó su posición a todo lo que daba, regañándolos por jugar or reír, recordándoles que ella era su tía y había que respetarla. Las mujeres se pasaban el día barriendo, limpiando y cocinando. En el calor de la tarde se sentaban en el balcón a tomar café y hablar en voces bajas.

Tostones con mojito

PUERTO RICO

En Puerto Rico los tostones son muy comunes y convierten cualquier reunión en una fiesta. Tradicionalmente se aplastaban con la palma de la mano, pero ahora hay tostoneras de madera que se consiguen en las bodegas y hasta en el aeropuerto de San Juan.

6 plátanos bien verdes
aceite de freír
4 tazas de agua
4 cucharadas de sal

Poner 2 cucharadas de sal en 2 tazas de agua. Retirar. Pelar los plátanos y cortar en rodajas de 1 ½ pulgadas. Ponerlas en agua con sal, dejarlas 10 minutos y entonces escurrir.

Calentar bien el aceite (unas 2 pulgadas) en una sartén. Cuidar que no eche humo. Con una espátula de ranuras, colocar las rodajas en el aceite caliente.

Ir friendo las rodajas, sin llenar mucho la sartén, hasta que se suavicen, unos 8 minutos. Sacar los tostones de la sartén con la espátula y escurrirlos en papel absorbente. Dejar que se enfríen un poco.

Poner las rodajas fritas entre 2 hojas de papel encerado y aplastarlas con un rodillo o con la palma de la mano (o se puede utilizar una tostonera). Los tostones deben ser de una ½ pulgada de grosor.

Cuanto más finitos, más crujientes.

Mezclar 2 tazas de agua con 2 cucharadas de sal y sumergir los tostones rápidamente, sacarlos y escurrirlos.

Freírlos unos cinco minutos más, hasta que estén crujientes.

Sacarlos de la sartén y colocarlos sobre papel absorbente para que se escurran.

Servir cuando estén tibios, con sal, solos o con mojo.

Esta receta es para unos 20 o 30 tostones.

MOJITO (OPCIONAL)

4 dientes de ajo machacados
1/4 taza de aceite de oliva
sal y pimienta

Mezclar los ingredientes y servir para condimentar los tostones.

Junot Díaz

Junot Díaz nació en Santo Domingo, República Dominicana. Su colección de cuentos, Drown, *se publicó en la editorial Riverhead Books en inglés y la traducción al español (cuyo título es* Negocios*) fue publicado por Vintage Español. Ha publicado en las revistas* The New Yorker, Best American Fiction, Story *y* The Paris Review.

SE HAN PERDIDO LOS REYES

NO RECUERDO BIEN las primeras Navidades que pasé en los Estados Unidos. Mi familia emigró de Santo Domingo a mediados de diciembre. Yo tenía siete años. Lo que sí recuerdo vagamente es que ese año adelantamos la fiesta de Reyes; creo que la celebramos el mismo día que nos fuimos de la isla. Mi madre no iba a permitir que ocurriera nada imprevisto. Prefirió que los niños celebráramos las fiestas en Santo Domingo, en nuestro país, aunque no fuera en las fechas tradicionales. No quería esperar a que llegáramos a un país extraño, en el que instintivamente no confiaba. Me acuerdo bien de los regalos: una cantimplora de plástico, un trompo de hojalata y una ametralladora de plástico. No duraron ni un mes en los Estados Unidos. Quizás la ametralladora fuera de mi hermano. Era mayor que yo, y nunca le habían interesado mucho los juguetes, que yo supiera. Siempre se deshacía de las porquerías dándonoslas a mi hermana o a mí.

Mi tarjeta verde documenta los datos obligatorios: llegué al aeropuerto Kennedy con mi familia el 11 de diciembre. En la foto se ve un niño seriecito

con el ceño fruncido y la camisa abotonada hasta el cuello como siempre. Sin duda esto señalaba mis esfuerzos para ganarme a Papi, que era militar. Sin embargo, este detalle no era tan importante como la cara que tenía. Aunque me sacaron la foto en un estudio de trastienda en Santo Domingo, mi expresión anunciaba cómo me sentiría al bajarme del avión y por primera vez experimentara un invierno neoyorquino. El viento invernal me arrollaba. Ni siquiera teníamos abrigos, estaban en nuestro futuro apartamento en New Jersey. A mi padre se le olvidó traerlos al aeropuerto, y desde luego, ¿dónde diablos hubiéramos encontrado abrigos en Santo Domingo?

Me acuerdo de las primeras semanas que pasé en los Estados Unidos como una cadena de sorpresas y sustos: el frío, mi padre, el apartamento, el agua corriente, el televisor, la soledad de la vida norteamerica, el ser inmigrante recién llegado. Además de tener que acostumbrarme al mundo que nos rodeaba, también tuve que acostumbrarme a la presencia de mi padre. Antes sólo lo conocía a través de lo que me contaban. Pero ahora estaba con nosotros y era una presencia intensa y complicada.

Me imagino que durante esas primeras semanas también sentíamos la presencia insistente de las Navidades: en la televisión, en la radio, en las tiendas donde comprábamos los artículos esenciales—los calcetines, los cepillos de dientes—que nos harían *americanitos* (una metamorfosis que mi padre tomaba muy en serio). Sospecho que yo daba por supuesto que el colorido, el alboroto y los adornos formaban parte de la vida diaria, que las tiendas siempre estaban llenas de clientes ansiosos, frenéticos y malhumorados. Para mí, todo esto representaba los Estados Unidos y me agobiaba. En cuanto a la nieve que esperábamos con tanta ilusión, veíamos muchísima por televisión, de una blancura desconcertante que se acumulaba sin tregua. Pero en nuestra zona no nevaría hasta finales del próximo mes. El 22 de diciembre, mi hermano y yo nos asomamos a la ventana y miramos al vecino emperifollando el porche con bellas sartas de lucecitas navideñas. Vivimos al frente de la casa del señor Polanco veinte años y nunca cambió la rutina. El tipo era como un reloj. El día 20 sacaba el árbol, el 22 las luces, y el 6 de enero lo desmontaba todo.

Ese año, la Navidad pasó volando. Me acuerdo de muchas cosas de esas primeras semanas, pero nada de ese día. Recuerdo haberme fugado del apartamento una noche con mi hermano mientras dormían mis padres, para ver las casas adornadas del barrio; me acuerdo que nos perdimos y nos llevó tres horas frías encontrar nuestra casa. Me acuerdo de mi cumpleaños, que era el 31 de diciembre, y de los camiones de juguete marca Hess—unas baratijas—que nos regaló mi padre para Reyes, pero no me acuerdo de la Navidad. Estaría demasiado concentrado en la adaptación como para fijarme. El próximo año ya sería otra cosa. Para entonces, mis hermanos y yo ya hablaríamos inglés. Dejaríamos de ser los espantosos monolingües de Nabokov. La nuestra sería una lengua híbrida.

También habríamos internalizado lo suficiente la cultura *americana* para otorgarle el respeto y la aprobación debidos a la Navidad. Ya nunca más pasaría desapercibida, pero el Día de Reyes sí. Y creo que esto revela tanto lo que perdimos al venir a los Estados Unidos como lo que ganamos.

Mandalit del Barco

Mandalit del Barco nació en Lima, Perú, y se crió en Baldwin, Kansas. Es reportera de la National Public Radio y colaboradora en el programa "Latino USA" de la misma emisora. Ha sido periodista del Miami Herald *y del* Village Voice.

NAVIDAD PEMEX

COMO ÉRAMOS LA ÚNICA familia peruano-mexicana en Baldwin, un pueblecito en Kansas, nos inventamos varios ritos multiculturales para celebrar la Navidad estilo *del Barco*.

Eran los años sesenta. Habíamos emigrado de Sudamérica a Kansas (el estado giraso según la tradición norteamericana), donde Mamí se había criado. Mamí conoció a Papí en el Perú cuando ella estudiaba el folklore de la zona, subvencionada con una beca Fulbright. Además de ser galán, Papí era periodista y actor, y así empezó una historia de amor internacional. Yo nací en Lima, ciudad cosmopolita. Después de año y medio, dejamos el Perú y nos fuimos a Kansas, justamente antes del nacimiento de mi hermano, Andy.

Durante esos primeros años, Mamí enseñaba literatura hispánica en una pequeña universidad, y Papí preparaba su tesis doctoral en antropología. Creo que éramos las únicas familias en Baldwin que protestaron la guerra de Vietnam colectivamente y boicotearon las uvas californianas para apoyar el movimiento sindicalista de César Chávez. Mientras la mayoria de nuestros vecinos se quedaron cómodamente anidados en una cultura pueblerina de otra época—de los cincuenta, los cuarenta o incluso los treinta—nosotros

hicimos la campaña en contra de Nixon, defendimos el feminismo y abogamos por los derechos de los indígenas norteamericanos. Hasta participamos en unos *powwows*. Baldwin siempre me recordaba de Mayberry, R.F.D., el pueblo televisivo prototípico y utópicamente norteamericano inventado por Hollywood para una serie que tuvo muchísimo éxito en esa época. Andy bromeaba que si Baldwin era Mayberry, entonces nosotros éramos la familia Addams. Apropiándome de la famosa frase de Dorothy—célebre viajera nacida en Kansas—cuando llegué a Baldwin yo sabía que ya no estábamos en Lima.

En este pueblo aislado por la nieve en medio de la inmensa llanura del medioeste, nuestras Navidades híbridas siempre se iniciaban con "How the Grinch Stole Christmas," un programa de dibujos animados que pasaban todos los años por televisión. El *Grinch* era una especie de *Scrooge* doctorseussiano, un ser amargado y misántropo cuyo proyecto era estropearles las Navidades a los habitantes de *Whoville*—unas criaturas adorables, placenteras y optimistas cuyo placer más extraordinario era hacer los preparativos y celebrar la fiesta navideña. Disfrazado de *Santa Claus*, el Grinch les robaba la comida, los adornos, los árboles y los regalos. En vez de *roast beast* de los *Who*, comíamos papas a la huancaína, chupe de camarones y ceviche. Papí lo preparaba todo y además nos explicaba los aspectos antropológicos y lingüísticos de estas especialidades peruanas. Por ejemplo, en Quechua, la antigua lengua indígena peruana, "chupe" significa "sopa". Mamí hacía tamales y enchiladas, y de postre, buñuelos con chocolate al estilo mexicano con canela, leche condensada y—ya que estábamos en los Estados Unidos—chocolate marca *Hershey*.

Nos habían contado que los animales hablaban en Nochebuena. Entonces Andy y yo nos quedábamos dormidos esperando que nos hablara el gato a la medianoche. ¿Sería una tradición mexicana o peruana? ¿O norteamericana? Nuestra noción de la Navidad era una mezcla de muchas cosas.

Entre las figurillas del nacimiento—hecho a mano en Ayacucho de piedra de Huamanga (un tipo de alabastro de los Andes)—Andy y yo colocábamos los pequeños títeres que representaban a los personajes de *Sesame Street*. Así, el *Big Bird*, el *Ernie* y el *Bert*—que disfrazábamos de rojo navideño—asumían su posición legítima entre el Niño Jesús y una llama chiquitita de pelusa.

Mamí y Papí preparaban unas etiquetas muy divertidas para nuestros regalos—"Para Andy, de parte del tercer duende del coro" o "Para Mandalit, de parte del coro de duendes". Entonces, para seguir el chiste, Andy y yo montábamos un espectáculo de marionetas improvisado en el escenario simpático que había diseñado y construído Papí. A veces nos inventábamos una comedia satírica radiofónica que grabábamos en los antiguos carretes de cintas. Eramos muy hábiles con los juegos de palabra; los nuestros eran como los que salían en la revista *Mad*. Una vez montamos una comedia navideña feminista: Santa Claus se enferma y la Ms. Claus tiene que sustituirlo para distribuir los regalos. La policía la detiene, la acusa de robo y la lleva al juicio.

ANDY hacía el papel de un verdadero ladrón, un tal Rob Burr, decía, con acento de Brooklyn y todo:—Pues iba yo pa'l *trabajo* en mi calle, y veo a un tipo to' vestío de rojo. Bien raro. Y dije, "éste se va a meter en lo mío". Como que dije, "esto está muy estraño". Y entonces el tipo se mete por una ventana . . . y la barba—el tipo tenía una barba blanca—como que la barba se quedó trabá en un árbol—y entonces—el tipo ya no tiene barba . . . Veo que el tipo no es un tipo . . . ¡es una tipa! Parece que el tipo era un, un ¿cómo se llama? tra . . . tra . . . tra . . . algo así, ¡que era una de esas tipas que se viste de tipo! ¡Cómo que quieren ser hombres, pero son tipas!

Y YO, haciendo el papel de la acusada militante Ms. Claus, dije—¿Cómo se atreve a ofender mi identidad de . . . ?

ANDY, cambiando de papel al del conservador Juez Semilla de Soja dijo—¡Orden! ¡Exijo orden!

Y YO, ahora de espectadora sarcástica:—Pues, a ver si me pueden traer un sándwich de pastrami de la bodega de la esquina . . .

Además de las sátiras políticas, mi familia les descubrió a los vecinos algunas tradiciones latinas. Los habitantes de Baldwin no se enteraban de lo de las posadas—la tradición de ir cantando villancicos navideños de casa en casa—ni lo de la misa del gallo. Invitábamos a los chicos del pueblo, que eran como los niños rubios e ideales que veíamos en el programa "The Brady Bunch," a nuestra casa. Ellos nos ayudaban a encender las velas en las luminarias (improvisadas de bolsas de papel llenas de arena para que se mantuvieran firmes) que colocábamos en la acera delante de la casa. Era una tradición de Nuevo México heredada de Mamí. También invitábamos a los niños a la fiesta de la piñata. Les encantaba ayudarnos a romperlas porque luego llovían caramelos y dulces navideños. No sé cómo, pero también les enseñábamos canciones folklóricas mexicanas y peruanas, aunque no tendrían ni idea del significado de la letra. Pero la verdad es que tampoco importaba mucho.

A menudo teníamos estudiantes extranjeros con nosotros para las fiestas—del Perú, de Kenia, de la China o de Costa Rica. Algunos venían de Somalia o de México o de Colombia. Un año, todo el equipo de fútbol de la universidad se presentó a nuestras celebraciones políglotas. Todos éramos expatriados de una forma u otra, viviendo en la tierra de Oz, inventándonos la vida según se nos iba presentando.

Feliz Navidad. O como dicen en Kansas, *Merry Christmas*.

RUEDA, RUEDA

Un villancico de Perú

Rueda, rueda por la montaña
blanca luz de sol

Rueda, rueda la buena nueva
que nació el Redentor

Rueda, rueda la buena nueva
que Él ya nació.

Papas a la huancaína

PERÚ 

Hay dos versiones de esta receta: con salsa cruda o con salsa cocida. La que sigue lleva una salsa cruda. Para la variante cocida se calienta la salsa y se le añade maníes o galletas tipo *saltine* machacados. Como esta es una receta casera, se pueden añadir y suprimir estos ingredientes a discreción del cocinero. Dolores y Renan del Barco, los padres de Mandalit del Barco, contribuyeron esta receta.

10 papas amarillas

LA SALSA

1 taza de cebolla blanca bien picadita
agua salada, caliente
2 tazas de queso blanco del país o queso feta rallado
4 yemas de huevo cocidas
2 cucharadas de pimientos jalapeños secos y molidos, o dos frescos, sin las semillas, ligeramente fritos
sal y pimienta
1 taza de aceite
1 taza de leche evaporada (o de crema, si no le preocupan las calorías)
1/4 taza de jugo de lima (a discreción)

EL ADEREZO

cebolla roja en ruedas finitas
agua salada, caliente
jugo de lima
una pizca de chiles rojos machacados
1 o 2 lechugas tipo butter *o* bib
1 o 2 mazorcas de maíz dulce, cocidas y cortadas en pedacitos pequeños
aceitunas sin hueso
5 huevos duros en rebanadas

Hervir el agua y cocer las papas hasta que estén tiernas y se puedan agujerear con un tenedor. No deben ponerse pastosas. Dejar enfriar y pelar.

La salsa

Poner las ruedas de cebolla blanca en remojo en agua caliente con sal.

Machacar y mezclar el queso y las yemas en una licuadora o batidora eléctrica. Agregar los jalapeños, sal y pimienta. Mezclar bien. Incorporar el aceite en hililllo fino, mientras se sigue batiendo la mezcla a velocidad alta. Añadir la leche y el jugo de lima, mezclando bien. Apagar la licuadora. Escurrir la cebolla blanca e incorporar a la mezcla.

El aderezo

Enjuagar la cebolla roja en agua caliente, entonces cubrir con jugo de lima y chiles.

Cortar las papas en rebanadas. Colocar las hojas de lechuga en el borde de una fuente. Amontonar las papas en el centro y cubrir con la salsa. Adornar con maíz, aceitunas, huevo cocido rebanado, y ruedas de cebolla roja.

Esta receta es suficiente para 8 personas.

Gustavo Pérez Firmat

Gustavo Pérez Firmat nació en La Habana, Cuba, y se crió en Miami, Florida. Ha recibido premios prestigiosos del National Endowment for the Humanities, el American Council of Learned Societies y la Guggenheim Foundation. Actualmente es profesor de español en Duke University. Entre sus numerosos trabajos de crítica literaria y cultural están Literature and Liminality, Do the Americas Have a Common Literature? *(ambos de Duke University Press) y* Life on the Hyphen: The Cuban-American Way *(University of Texas Press), que ha sido galardonado con el Eugene M. Kayden University Press National Book Award. También ha escrito poesía en español y en inglés:* Carolina Cuban, Equivocaciones *y* Bilingual Blues. *El cuento que sigue es una adaptación de un capítulo de sus memorias,* Next Year in Cuba: A Cubano's Coming of Age *(Anchor Books).*

NOCHEBUENA GOOD NIGHT

DURANTE MI NIÑEZ en Cuba, la Nochebuena fue siempre la noche más importante del año. Escindida en dos por la misa del gallo, la Nochebuena oscilaba entre lo sagrado y lo profano, entre el fervor y el frenesí. Como por esos años había que ayunar antes de comulgar, la fiesta no empezaba de lleno hasta la madrugada del día 25, cuando la gente regresaba de la misa que toma su nombre de la antigua costumbre romana de celebrar el oficio cuando cantan los gallos. Pero, a decir verdad, los gallos

cubanos empezaban a cantar mucho antes de la madrugada, y para la medianoche la fiesta ya tenía varias horas de duración.

A diferencia de las Navidades norteamericanas, la Nochebuena es esencialmente una celebración para las personas mayores, ya que los niños cubanos solían recibir sus regalos el día de los Reyes Magos, casi dos semanas después. Por lo general mis hermanos y yo nos acostábamos antes de la medianoche, aunque para los dos o tres últimos años en Cuba, Pepe y yo ya teníamos edad para acompañar a los mayores a la misa del gallo. Recuerdo que al llegar a la iglesia muchos hombres se quedaban en el portal, mientras que sus esposas e hijos asistían a misa. Desde el interior de la iglesia se les podía ver, elegantemente vestidos con sus guayaberas de hilo o sus trajes de dril, conversando en grupos. El barullo era tanto que a veces el Padre Spirali, el párroco italiano de San Agustín, se veía obligado a interrumpir la misa para mandarlos a callar. Pero aun cuando íbamos a la misa del gallo, nos teníamos que acostar inmediatamente después, ya que nuestro hogar era visitado también por Santa Claus —quien de hecho traía regalos más caros que los Reyes Magos— y si no estábamos todos dormidos "Santicló" no podía entrar. Sin embargo, con tanto ruido en el patio era difícil conciliar el sueño. La Nochebuena no era una noche de paz.

Después de la cena tradicional, la música y el baile duraban hasta la madrugada. A veces en lugar de ir a la misa del gallo mis padres asistían a la misa que se celebraba a las cinco de la mañana en la iglesia del Sagrado Corazón, y de ahí seguían a desayunar. Generalmente, cuando mis hermanos y yo nos despertábamos el Día de Navidad, mi padre todavía estaba durmiendo (o mejor dicho, se acababa de acostar), pero mi mamá ya se había levantado para participar en la apertura de los regalos. No dudo que la mañana de Navidad con sus hijos haya sido para ella más placentera que la noche de fiesta con los adultos. Mientras abríamos y probábamos nuestros juguetes nuevos, Vargas y las criadas recogían la casa, que estaba toda desordenada por la fiesta de la noche anterior.

Al menos para mí, lo mejor de la Nochebuena no era ni la fiesta ni la visita de Santicló sino los preparativos. Como otras parejas cubanas, mis padres siempre han dividido sus labores festivas: mi madre las organiza, y mi padre las goza. En Nochebuena, la obligación de mi padre era aprovecharse de los preparativos de mi madre y asegurarse de que todo el mundo la pasara bien, mientras que ella se ocupaba de todo lo demás. Si Gustavo era el alma de la fiesta, Nena era su maquinaria. Sus preparativos comenzaban varias semanas antes con la llegada de los turrones, la sidra, las avellanas y los demás productos típicos de la temporada navideña. Muchos de ellos eran regalos de los comerciantes con quien el almacén de mi padre hacía negocios. En un supermercado al estilo norteamericano que se llamaba Ekloh, comprábamos el pino más alto, y nos pasábamos varias tardes decorándolo y armando el nacimiento. La chimenea falsa en la sala, que tenía el tamaño justo para las figurillas del Niño Jesús, San José y la Virgen María, hacía de pesebre. Debajo del árbol poníamos un río de cristal, un puente de cartón y pastores con sus rebaños. A cierta distancia venían los Reyes Magos montados en sus camellos. En el vestíbulo de la casa, mi madre construía un pueblecito nevado con casitas iluminadas, montañas de algodón, lago de espejo, y trineos. Entre diciembre y enero, este blanco paisaje invernal era lo primero que se veía al entrar en este hogar habanero, donde hasta las paredes eran verdes.

En comparación con los coposos pinos a los cuales me he acostumbrado en los Estados Unidos, los raquíticos pinos importados que vendía el Ekloh se asemejaban a deficientes imitaciones de árboles de verdad. Soltaban agujas licenciosamente y, por mucha agua que se les echara, no se recuperaban de su aspecto pálido y triste. Pero a mis hermanos y a mí esos pobres pinos nos parecían maravillosos. Niños vecinos, de familias sin árbol navideño, venían a nuestra casa para admirar el nuestro. Pero lo importante no era el árbol mismo, sino los adornos, y la abundancia de ellos compensaba los fallos del follaje. Muchos norteamericanos piensan en los árboles navideños como objetos de la naturaleza, y tienen la costumbre de decorar los arbolitos navideños con lacitos rojos o adornos de papel que sus hijos traen de la escuela. A nosotros, sin embargo, no nos importaba ocultar el poco verdor del arbolito tras capas de bolas y rosarios de luces y abalorios. Mientras más decoración, mejor. Los arbolitos no eran objetos naturales sino artefactos culturales, una demostración más del triunfo del ser humano sobre la naturaleza. Al final los huecos que todavía quedaban los tapábamos con "lágrimas", tiritas de oropel que envolvían el arbolito como una manta plateada. Lo último era coronarlo con una estatua iluminada del arcángel Gabriel, quien reinaba sobre la sala con los brazos extendidos. Vargas era quien se subía en una escalera y, bajo la vigilancia y dirección de mi madre, ponía el ángel en la cumbre del árbol.

Cuando terminábamos, varios días después de haber comenzado, el desnutrido pino lucía elegantísimo—como un tísico envuelto en pieles y joyas, coronado por una diadema celestial.

Durante los primeros años de exilio, dejamos de celebrar la Nochebuena, pues parecía absurdo celebrar esta fiesta con toda la familia dispersa —algunos todavía en Cuba, otros en Puerto Rico, otros en Nueva York. La primera Navidad en Miami pusimos un arbolito, más verde pero menos vistoso, con un nacimiento de cartón. En vez de la cena de Nochebuena tuvimos un almuerzo de Navidad. Y en vez del lechón tradicional, mi madre preparó un pavo. Cuando salimos de Cuba, dos meses antes, mis padres albergaban la esperanza de que para la Nochebuena ya estaríamos de regreso en La Habana, pero no fue así. Sentado con mis hermanos en torno a la mesa el Día de Navidad, me sentía más desorientado que otra cosa. Hacía sólo pocas semanas que nos habíamos mudado a esta casa, y no sabía bien qué sentir o decir. Ahí estábamos nosotros, súbitamente transformados en la típica familia "nuclear". La celebración navideña fue breve y callada. Esa mañana Santicló había traído regalos, pero unos días después los Reyes Magos no se aparecieron. Mi madre le dijo a mis hermanos pequeños que los Reyes Magos todavía estaban en Cuba.

Después de varios años de almuerzos navideños, la Nochebuena por fin volvió a nuestro hogar. Para los últimos años de la década de los sesenta, casi todos nuestros familiares habían salido de Cuba, y muchos de ellos vivían en Miami. Ya que estábamos otra vez juntos, ya no parecía extraño celebrar la Nochebuena en el exilio. Es más, pasó lo opuesto: la distancia de nuestra patria nos animaba a celebrar con más ahínco, ya que la Nochebuena era una de las costumbres que nos vinculaban con Cuba. Aunque fueran menos espléndidas que las habaneras, las Nochebuenas miamenses se preparaban con los mismos ingredientes. En la Pequeña Habana habían bodegas cubanas donde se conseguían todas las comidas típicas —y si no había tiempo para cocinar, se compraba el lechón ya asado y el congrí por libra.

Igual que las comidas, las caras tampoco habían cambiado. Tío Mike siempre llegaba temprano para montar su "laboratorio intelectual", donde confeccionaba misteriosos martinis de acuerdo con una receta que tenía apuntada en una de sus libreticas. Mientras Mike hacía martinis, Tía Mary andaba para arriba y para abajo en sus sandalias doradas de tacón alto, y mi padre buscaba compañeras para hacer el baile del pingüino. Tony, el esposo de mi tía Cuca, había sido cantante en Cuba y ahora era camarero en Nueva York, pero después de un par de tragos, le daba por recordar sus buenos tiempos y se lanzaba a cantar "Agonía", su gran éxito en Cuba. Mi hermana lo acompañaba en la guitarra. Ya entrada la noche, animada por una o dos copas de sidra, mi abuela Constantina bailaba su famosa jota, seguida de un pasodoble con mi padre.

A pesar de las continuidades, sin embargo, estas Nochebuenas no eran trasuntos de las de Cuba. Aunque se hacía lo mismo —comer, beber, bailar, ir a la misa del gallo— la fiesta había empezado a cambiar. Sin que nadie se diera demasiada cuenta, las tradiciones cubanas y americanas —Nochebuena y Navidad— empezaban a mezclarse. Igual que Constantina bailando la jota junto al arbolito, las costumbres de los dos países se estaban fundiendo.

A primera vista, esta fusión no resultaba nada fácil, ya que las dos fiestas son de muy distinta naturaleza. En tanto anticipación del nacimiento de Jesús, la Nochebuena propicia un ambiente de inquietud, de expectativa. Por eso hay gente que suele pasarse la noche de casa en casa, visitando a las amistades. En la noche del 24 de diciembre, los cubanos se dividen en dos bandos: los nómadas y los inmóviles. Los inmóviles permanecen en sus casas, se abastecen de comestibles y bebestibles y abren las puertas. Mientras tanto, los nómadas hacen la ronda. Ya que, tanto en Cuba como en Miami, mis padres pertenecían al bando de los inmóviles, parte de la diversión de la Nochebuena eran las esperadamente inesperadas visitas de amigos y parientes, que se aparecían a todas las horas de la noche, se daban unos tragos, bailaban y conversaban un rato, y partían hacia su próxima parada. Por supuesto, la inmovilidad es mucho más segura que el nomadismo, pero son los intranquilos nómadas los que le imparten a la fiesta ese imprescindible chispazo de energía, ese destello de bulla y embullo.

Por ser reflejo de la paz y tranquilidad de San José y la Virgen María después del nacimiento del Niño Jesús, el espíritu de la Navidad no es ni bullanguero ni trashumante. No se basa en la anticipación sino en el reposo; es un momento de regocijo y no de relajo. Por eso es que la Nochebuena no exige la participación de los niños pero la Navidad sí. Nuestras fotografías de Nochebuena muestran a hombres y mujeres divirtiéndose; las de Navidad muestran a toda la familia —grandes y pequeños— reunida en torno al arbolito. Por eso también, mientras que la Nochebuena es una celebración nocturna, la Navidad es una fiesta diurna, lo que en inglés se llama correctamente un *holiday* —un *día* sagrado. El 25 de diciembre las familias norteamericanas se reúnen para intercambiar regalos y pasar unas horas juntos, no para armar escándalos. Cuando Nochebuena y Navidad se encuentran, la noche cubana se confunde con el día norteamericano.

En casa la unión de día y noche ocurrió cuando los que éramos niños al llegar al exilio crecimos y empezamos a casarnos y tener familia propia. Esto sucedió a partir de los años setenta, con el resultado de que se estableció un equilibrio entre los extremos "cubanos" y "americanos" de la familia. Los mayores —mis tíos y mis padres— mantenían vigentes las tradiciones de Nochebuena; los más jóvenes —sus nietos— celebraban Navidad. Yo oscilaba entre las dos generaciones, a veces haciendo el papel de hijo de mi padre, y otras veces el de padre de mi hijo. Durante esta época de armonía cultural y generacional, la Nochebuena alegraba la Navidad, pero la anticipación de *Christmas Day* le daba cierta mesura a la Nochebuena. Como los mayores tenían que levantarse temprano para abrir los regalos con los niños, no se podía estar de juerga toda la noche. Además, la casa era demasiado pequeña para que los niños pudieran dormir mientras que las personas mayores seguían divirtiéndose afuera. Ya que para entonces la Iglesia había eliminado los reglamentos sobre la necesidad de ayunar antes de comulgar, casi siempre mi madre servía la comida antes de las doce. Para las dos o las tres de la mañana la fiesta había concluido.

A mí me encantaban estas fiestas híbridas, mitad día y mitad noche, ya que parecían combinar lo mejor de los dos mundos. Sin embargo, el biculturalismo es un puente que se desgasta con el tiempo, y para la tercera década de exilio, nuestras Nochebuenas habían cambiado otra vez. Algunos de los "viejos" —Tío Pepe, Constantina, Abuela Martínez, Joseíto, Tío Mike— habían muerto. Otros se pusieron muy ancianos o muy débiles para viajar o ir de fiesta. Cuando murió Tía Amparo, Tío Pedro dejó de venir a casa por Nochebuena. Desde entonces se pasa las Navidades jugando póker en las Bahamas, y ahora para él una "noche buena" es cuando no pierde demasiado dinero. Además, los más jóvenes (o los menos viejos) tenemos nuestras vidas y no siempre podemos pasar las Navidades en Miami. De vez en cuando, algunos de nosotros todavía coincidimos en Miami para Nochebuena, pero sucede con menos y menos frecuencia.

Hace varios años ya que mi madre viene quejándose que se está poniendo demasiado vieja para todo el trabajo, que este año será el último en que celebre la Nochebuena, pero siempre al año siguiente prepara otra cazuela de congrí y asa otro lechón —o mejor dicho, asa un pavo y compra una pierna de lechón ya cocinada— y trata de reunir a lo que queda de la familia. Por muy americana que ella se considere, los hábitos habaneros perduran. Pero para mis padres la Nochebuena se ha convertido en una fiesta triste, un recordatorio de cuánto ha cambiado en sus vidas. Las generaciones siempre se suceden, pero en una familia de exiliados, estos cambios naturales anuncian el eclipse de una cultura. Como dice un amigo mío, los cubanos exiliados no se están asimilando, se están muriendo. Los que quedan, él y yo entre ellos, ya somos otra cosa, querámoslo o no. Con cada anciano que muere, los más jóvenes perdemos palabras, giros, maneras de pensar y sentir y actuar que nos conectaban con Cuba. Nadie podía guiñar el ojo con más malicia que Joseíto, el primo de mi padre, y nadie como mi tío Pepe para convertir una sencilla exclamación —"¡Oye, niña!"— en todo un lírico madrigal. Al brindar con la frase "El año que viene en Cuba", consumíamos el cóctel de nostalgia y esperanza que nos daba vida, ya que las Nochebuenas de ayer eran nuestra garantía para las Nochebuenas de mañana. Durante esas magníficas noches, todo nos remontaba a Cuba: la comida, la música, las costumbres. Cada año escuchábamos a Olga Guillot, la cantante favorita de mi padre, interpretar la versión en español de "White Christmas". Aunque oírle gemir, "Oh blanca Navidad, vuelve", era totalmente inverosímil, ya que nadie había experimentado una Navidad blanca en Cuba, para nosotros la letra aludía a nuestro regreso. Cada año bailábamos con los compases de "La Mora", un antiguo danzón cuyo estribillo —"¿Cuándo volverá, la Nochebuena? ¿Cuándo volverá?"— también estaba impregnado de significado. Pensábamos que pronto volvería la Nochebuena, y pronto volveríamos nosotros también.

Con la muerte de nuestros viejos, Cuba se nos está muriendo también. Es como mi padre con su almacén, que se le ha ido desmoronando paulatinamente, año tras año. Mientras más pasa el tiempo, más se confunde nuestra Nochebuena con la Navidad. Hace años que ningún amigo o pariente se aparece en casa de mis padres a las tantas de la noche. Si alguien lo hiciera, encontraría las luces apagadas y a la gente dormida. A medida que la celebración se centra en los nietos, la Nochebuena se va convirtiendo en la víspera de la Navidad, en *Christmas Eve* —más una anticipación del día siguiente que una fiesta autónoma. Con la incorporación de americanos a la familia, hasta el lenguaje de la fiesta se ha ido deslizando hacia el inglés, un idioma que mi madre maneja con facilidad pero que a mi padre no le gusta hablar.

Mis padres han aceptado estos cambios con una mezcla de resignación y buen humor. Aunque mi padre extraña la compañía de sus contemporáneos, se las arregla para divertirse de todas maneras. En vez de "meterse" con sus cuñadas, ahora se "mete" con sus nueras, que son todas norteamericanas, y se divierte exhibiendo ante ellas su destreza como bailador. No sé cómo, pero halla o inventa chistes bilingües de doble sentido para sazonar la conversación. No obstante, bebe menos que antes y se cansa o se aburre más pronto, de modo que en algún momento durante la noche se pone melancólico y entonces se sienta en su sillón y prende el televisor.

Para mi madre lo más difícil no ha sido la transculturación de la Nochebuena, sino la dispersión de la familia. Tanto en Cuba como en Miami, su casa era oasis, hospital, albergue, cabaret. Allí celebrábamos los cumpleaños, los bautizos, las primeras comuniones, las graduaciones, los compromisos, las bodas. Allí acudíamos en busca de compañía o consuelo. Aun en épocas difíciles mi madre llevó esta carga con ligereza. No había ocasión que fuese demasiado insignificante, o fiesta que fuese demasiado grande. Ella era el hilo conductor de nuestros afectos, la que buscaba las razones o los pretextos para reunir a hijos y tíos y primos y sobrinos. Pero tarde o temprano, el destierro golpea a todas las familias, y así le sucedió a la nuestra. Ahora mi madre se queja del destierro cuando se estropea la unidad que se ha afanado por mantener: si no puede estar presente en el parto de su hija o su nuera, o si un hijo se divorcia y otro tiene problemas personales, o si el cura que dice la misa de difuntos por mi tía Amparo ni siquiera la conoce. En esos momentos mi madre repite su lamento eterno: "¿Por qué nos ha tocado un exilio tan duro?" A diferencia de mi padre, ella entiende el exilio no como estrechez económica o lejanía de la patria sino como un atentado contra la familia. El destierro la afecta mucho menos que la dispersión. Según su manera de pensar, el costo humano de la Revolución ha de medirse en Nochebuenas, ya que esta fiesta revela la fragmentación de la familia con la claridad de una radiografía. Ella sabe que esas Nochebuenas de antaño ya no volverán.

Aunque no resido en Miami hace más de veinte años, he faltado sólo a una Nochebuena en casa de mis padres, y eso porque un año decidimos celebrarla todos en Carolina del Norte, un experimento que no salió bien y no volverá a repetirse. Mientras Nena y Gustavo estén vivos y dispuestos, yo seguiré celebrando Nochebuena en su casa, que es también mi casa. A pesar de que la fiesta y la gente han cambiado con los años, mucho más de lo que mis padres y yo hubiéramos querido, la Nochebuena sigue siendo para mí, si no la mejor, al menos la más solemne noche del año.

Pero no me hago ilusiones. Nuestras Nochebuenas miamenses han llegado a parecerse a esos esqueléticos arbolitos de Navidad que teníamos en Cuba, bañados de lágrimas. Cuando mis padres hayan muerto, algo que espero no suceda por muchos años, no me quedará más remedio que celebrar la Nochebuena en Chapel Hill, acompañado de familia americana —Mary Anne, mis hijos y mis hijastros. En vez de ir a Miami, me quedaré donde estoy. Formaré parte del bando de los inmóviles, los que permanecen en su hogar. Pero me aposentaré lejos de mi casa, en un hogar fuera de lugar. Sé que en Chapel Hill mis tradiciones criollas padecerán nuevas pérdidas y atenuaciones, y que un día me encontraré en la situación de mi padre —seré el único gallo cubano en la fiesta. Y entonces tendré que aprender cómo cantan los gallos en inglés.

Congrí (Arroz con frijoles)

CUBA 

3 cucharadas de aceite de oliva
3 tiras de tocino, cortadas en 8 pedazos pequeños
6 onzas de jamón ahumado cocido, cortado en cubitos
½ taza de sofrito
¼ taza de puré de tomate
2 dientes de ajo, bien machacados
3 tazas de mezcla del líquido de los frijoles y agua
1 cucharadita de vinagre
1 hoja de laurel, cortada por la mitad
¾ cucharadita de comino o ¾ cucharadita semilla de comino machacado
1 cucharadita generosa de orégano fresco o ¼ cucharadita de orégano en polvo
2½ cucharaditas de sal
1 lata de frijoles negros (de una libra)
2 tazas de arroz (de grano corto o mediano), lavado y escurrido

EL SOFRITO

1 cebolla
1 pimiento verde mediano
3 chiles dulces
1 cucharada de cilantro fresco
4 dientes de ajo
½ cucharadita de orégano en polvo

Quitarles las semillas a los pimientos y a los chiles, y pelar y cortar la cebolla. Poner todo en una licuadora regulada para picar. Cuando la mezcla esté bien picada, poner en un recipiente tapado y enfriar.

Calentar el aceite de oliva en una cazuela grande y pesada. Dorar el tocino sobre una llama fuerte. Sacarlo y colocarlo sobre papel absorbente. Retirar.

En el aceite donde se ha frito el tocino, freír los pedacitos de jamón hasta que se calienten y estén crujientes. Sacarlos y retirar.

Bajar el fuego a moderado. Agregar el sofrito, el ajo machacado y el puré de tomate. Cocer unos tres minutos, removiendo con frecuencia.

Subir la llama y echar la mezcla del líquido de los frijoles y agua, el sal, el laurel, el comino, el orégano y el vinagre. Cuando hierva, incorporar el arroz y los frijoles. Remover para que se mezcle bien todo.

Cuando rompa a hervir otra vez, bajar el fuego y cocer destapado hasta que se seque un poco.

Reducir el fuego otra vez, y agregar la mitad de los cubitos de jamón. Tapar y cocer a fuego lento 15 minutos.

Destapar un momento, remover, tapar y cocer unos 15 minutos más, hasta que esté el arroz.

Servir caliente, adornado con los demás cubitos de jamón. Se puede incorporar 2 cucharadas de aceite antes de servirlo para darle realce a los sabores.

La receta es para 6 personas.

Denise Chávez

Denise Chávez es de Las Cruces, Nuevo México. Su novela Face of an Angel *(Farrar, Straus and Giroux) recibió el Premio Aztlán en 1994 y el American Book Award en 1995. También es autora de* The Last of the Menu Girls, *una colección de cuentos interrelacionados. Su novela de próxima aparición,* Loving Pedro Infante, *será publicada por Farrar, Straus and Giroux. Chávez es actriz y creadora de* performance art; *su espectáculo* Women in the State of Grace *ha hecho giras por los Estados Unidos. Ha sido Directora Artística del Border Book Festival en Las Cruces desde sus inicios en 1994.*

LOS COLOSALES CALZONES

En memoria de mis padres,
Delfina Rede Chávez y E. E. Chávez

ERA LA TRADICIÓN NAVIDEÑA familiar que cada año le tocaba a uno de nosotros un regalo extraño: unos calzones enormes de poliéster, los más grandes, los más blancos y los de mayor elasticidad. Eran tamaño *queen*. Pero superaban el eufemismo, realmente eran tamaño *ultra-mega-queen*, para una gorda a la cuarta potencia. Parecían esos pantalones anchísimos que usan los payasos, los que te hacen reírte a carcajadas sólo de verlos. Mamá los compró en la tienda de los hermanos Aaron-

son, que quedaba en la calle principal, la Main Street de nuestro pueblo de Las Cruces en Nuevo México.

Cada año Mamá envolvía estos calzones descomunales en un papel de lo más exquisito, con un lazo de lo más elaborado, y se los regalaba a uno de nosotras, un alma desprevenida que al fin quedaba encantada de haber sido la premiada con semejante obsequio. La elegida desenvolvía el paquete y a medida que el contenido del paquete se iba asomando, nos moríamos de la risa.

El sentido de humor de Mamá era famoso y a veces travieso. Era una figura discreta que inspiraba respeto por ser maestra y madre soltera, pero tenía un gran sentido de lo absurdo. Le encantaba sacar fotos de la gente en los momentos más inoportunos. Creo que lo que más gracia le hacía era acecharnos a mí o a mi hermana en el cuarto de baño —un cuerpo medio envuelto en una toalla sentado en el retrete, leyendo el *National Enquirer*, con los rolos en el pelo. Mamá tenía un álbum de estas fotos que yo he guardado hasta el día de hoy como un tesoro.

El primer año de la tradición, me tocó a mí la gran sorpresa. Yo estaba concentrándome en abrir la preciosa envoltura, así que no me fijé en esa mirada burlona de Mamá. Otra parte del rito era que cada una tenía que probarse los calzones, y las risas otra vez estallaban. Mamá era una mujerona, pero esto no le impidió probarselos y modelarlos cuando le tocaban a ella, y esto nos hacía una gracia tremenda. Una vez me escabullí de la sala a buscar la cámara y sacarle una foto en pleno desfile de la última moda *couture chez* Chávez.

Después de las Navidades, Mamá ponía los calzones en una gran caja de cartón donde almacenaba los regalos de reserva. La guardaba en el armario de la sala, detrás de los abrigos y los paraguas. Si surgía un cumpleaños inesperado, o una boda o un aniversario olvidado, nos mandaba al armario en busca de un regalo apropiado de última hora. La caja estaba llena de regalos descartados, cositas que sus alumnitos le habían dado, objetos innecesarios y de poco valor, en fin, chucherías—billeteras y floreros baratos, una colección de guantes y pañuelos, y algo muy especial: una billetera de plástico roja con una imagen de un Jesucristo guapo y esbelto.

La sagrada billetera era otroa sorpresa que cada Navidad cumplía el mismo propósito que los calzonajos. Pero la billetera era un regalo demasiado serio para chicas adolescentes como nosotras. Nunca usábamos la billetera. Cada año la obsequiada la devolvía a la caja furtivamente para que le tocara a otra el próximo año. Cuando por fin llegaba Navidad, a Mamá se la había olvidado a quién le había regalado la billetera el año anterior.

Estos regalos perennes eran sólo dos de los muchos que Mamá nos hacía todos los años. Nunca nos hacía ni uno, ni dos, ni seis. Siempre eran veinte o treinta. Las Navidades de mi madre siempre eran excesivas; nunca vivimos la carencia. Era la persona más generosa que jamás he conocido. Si te regalaba dos o tres pares de calcetines, nunca los envolvía juntos, sino que los envolvía por separado, cada uno con su papel, lazo y etiqueta correspondientes. Si te daba un par de zapatos, también los envolvía por separado.

Cada una de nosotras siempre podía contar con un gigantesco montón de regalos. Abríamos los paquetes despacito, uno por uno. Luego, empezaba la ceremonia de probarse y modelar la ropa, los sombreros, los zapatos, de mostrar y comentar cada artículo, cada uno más original y extraño que el anterior. El ritual llevaba mucho tiempo, y tiempo era lo que más teníamos en aquel entonces. Una vez que nos habíamos probado toda la ropa, la dejábamos en la sala, colocada en el sofá con un descuido estudiado, para que fuera como una exposición. Esto le fascinaba a mi madre. Años después, cuando cuidaba yo a mi padre, que ya era muy mayor, me di cuenta que yo hacía la misma cosa. Tendía sus regalos en el sofá para que él los viera: la ropa nueva, las toallas y mantas, los pijamas de franela, los tenis con cierres de *Velcro*.

Mamá se veía orgullosísima cuando nos poníamos los trajes que nos había regalado. Era una excelente costurera y nos hacía vestidos y trajes, bolsos y almohadas, mantas y colchas. Cualquier cosa que queríamos o necesitábamos, nos la confeccionaba. Pero siempre nos quejábamos cuando teníamos que subirnos a una de las sillas para que ella marcara el dobladillo de una falda con tiza y luego con alfileres. Yo me ponía insoportable cuando me decía, "Date la vuelta, no, así no, no tanto, así, un poco más". Pero me encantaba la ropa que nos hacía. Y la queríamos muchísimo, aunque a veces le teníamos miedo.

Mamá podía ser más imponente que Hermana Alma Sophie, la directora de la escuela primaria Holy Cross. La monja era famosa por su severidad y ese olor a dentadura postiza que la rodeaba. Mamá también podía ser más estricta que el Padre Ryan, conocido por su rigidez y su atractivo físico tipo artista de cine, un desperdicio en la figura de un sacerdote. Mi madre podía ser una generala, una generala que con un solo "Ya, basta," dicho en ese tono áspero y cortante y con la mano levantada, podía parar un tren.

Mis padres se separaron cuando yo tenía diez años. El divorcio fue un golpe terrible para Mamá; le restó ánimo notablemente. Sin embargo, seguía invitando a mi padre a pasar las Navidades y otras fiestas con nosotras, y él siempre aceptaba. Cuando bajaba a Las Cruces (vivía en Santa Fe), nunca se le olvidaba traer la ropa sucia; la metía en el baúl o en el asiento de atrás de su Pontiac verde. Era un desastre de carro, una calamidad llena de golpes y boquetes que se iba desmoronando. Mamá le dio el apodo *Jaws* porque el baúl siempre estaba medio abierto, sujetado por unas perchas metálicas torcidas. Aquello parecía la mandíbula entreabierta del famoso tiburón cinematográfico. Papi nunca se quedaba con nosotros mucho tiempo, ni tampoco traía mucha ropa limpia. Todos los años hacía el largo peregrinaje del norte al sur de Nuevo México para estar con nosotras en las Navidades. Siempre llegaba tarde, ya un poco alegre, a veces muy borracho. Y siempre se marchaba demasiado pronto. Al principio, dormía en la habitación de mi madre. Después de unos años, terminó durmiendo en la sala, aunque sospecho que de vez en cuando pasaba la noche en la habitación de mi madre. Se querían apasionadamente pero no tenían nada en común. Mi madre era muy católica. Iba a la iglesia a las seis de la mañana todos los días. Mi padre era alcohólico y muy sociable. Le encantaba estar con gente, sobre todo con las mujeres. Le gustaba salir y no volver hasta el amanecer. Para él la libertad era todo.

Creo que Mamá era aun más generosa con mi padre que con nosotras. Yo siempre lo notaba al ver el montón de regalos que le tocaba a él —siempre era el más grande. A Papá no le interesaba mucho eso de ir de tiendas. Se compraba la ropa en *Kmart* y los regalos en *Bonanza City*, todo a última hora. Algunos años no compraba nada, ni siquiera un regalo para su madre anciana, que lo idolatraba y que siempre esperaba sus visitas. Y a Mamá, le compraba cualquier cosa. Un año, una tostadora, otro, un juego de cuchillos. Un año le dio un cuadernito para apuntar mensajes telefónicos, dedicado con su letra ondulada: "Para Mamá, cariñosamente, Papá".

Una Navidad nos compró unos vestidos todos emperifollados de volantes y encajes a mí y a mi hermana. No se dio cuenta que ya no éramos niñas pequeñas, sino unas señoritas. Su falta de consideración me dio mucha vergüenza. Es como si no se hubiera dado cuenta que habíamos madurado. Pero el vestido me servía, y me lo puse el Día de Navidad, aunque la posibilidad de que me vieran con ese traje tan ridículo me horrorizaba. Para él, seguíamos siendo sus niñitas, pero en el fondo ni nos conocía. Sus recuerdos eran de otra época que ya no tenía nada que ver con nosotras.

Una vez nos dio dinero para que le compráramos un regalo a Mamá. Nos llevó a una tienda de baratijas donde compramos cosas inútiles y chabacanas. Me sentí fatal comprando esas tonterías para ella, y peor todavía al darme cuenta de la tacañería de mi padre. Al ver esos regalos feos, Mamá pestañeó como si nada.

Unos años antes de que ella muriera, yo ya tenía un poco de dinero y le compré una sortija nacarada. Fue la única vez que pude regalarle algo de valor. La sortija venía en una cajita y Mamá se emocionó al verla. Me acordé del dicho, "Lo pequeño es bello".

Según decía ella, no le importaba lo que le regalaban. Lo importante era lo que ella nos regalaba a nosotras.

CUANDO PIENSO en el pasado, lo que más nostalgia me da son los momentos como las Navidades. Antes de la misa del gallo, amigos y parientes pasaban por casa a comer, seducidos por los famosos tacos que hacía mi madre, las sopaipillas ligeritas, los frijoles, el chile con arroz y el pan de masa de tortilla. Aunque la cocina no le llamaba mucho la atención, la entusiasmaba en la época navideña. Mi hermana y yo hacíamos de anfitrionas, llenando platos, recogiendo y dando órdenes a la "cocinera": "Delfina, ¡más tacos!"

Hoy saboreo los recuerdos de esas noches, sobre todo de las misas de Nochebuena en la Iglesia Santa Genoveva, que ya no existe. Me costaba mucho mantenerme despierta, sobre todo durante los ritos interminables de arrodillarse, levantarse y sentarse. El bajar por la nave a comulgar era como una tregua de la inercia. Mi padre se quedaba en la parte de atrás con los hombres, y las mujeres nos sentábamos donde fuera. Mi madre siempre decía que podía distinguir la tos de mi padre de la de los demás. La misa terminaba a eso de la una y media de la mañana, y salíamos medio atontadas y nos encontrábamos con mi padre. El aire fresco de diciembre—por suerte los inviernos no eran demasiado fríos y casi nunca nevaba—nos despertaba al salir.

Regresábamos a casa en el carro, atravesando lo que nos parecía una oscuridad inmensa, impacientes para llegar y abrir los regalos. Normalmente no nos acostábamos hasta las dos o las tres de la mañana, ese momento delicioso cuando el sueño llega suave y fácilmente. Nos quedábamos en cama hasta tarde la mañana siguiente, sabiendo que ya habíamos cumplido con nuestras obligaciones religiosas la noche anterior. Esas horas del amanecer eran tan dulces, tan mágicas. Estaban fuera del tiempo; nos colmaban de tranquilidad y amor. Nos quedábamos en la cama, satisfechas, llenas de tacos y capirotadas (unas natillas deliciosas), empanadas de calabacita, y un plato típico de las mujeres de mi familia—un picadillo que le decíamos "pasta". Era una antigua receta que había heredado mi tía Elsie de la abuela Lupe. La receta de la tía decía que la "pasta" tenía que cocinarse "hasta que pareciera caca".

El Día de Navidad íbamos a la casa del tío Sammie, que vivía a una calle de la nuestra, a comer el famoso menudo. Luego, pasábamos por la casa de la tía Elsie Chilton en nuestra calle. Era la hermana menor de mi padre y la matriarca de la familia Chávez. Cuidó a la abuela Lupe—la madre de mi padre—por treinta años. La abuela era muy anciana, y tenía la piel apergaminada y empolvada. Se parecía mucho a George Washington. Su cuarto estaba al lado del cuartucho donde lavaban la ropa, y ella estaba encargada de doblarles la ropa a los ocho hijos de la tía. Guardaba todos sus bienes terrenales en una estantería de madera: las estatuas de Nuestra Señora de Guadalupe y de San Judas, rosarios innumerables, cajas de tarjetas, pañuelos antiguos (cada uno dobladito con esmero), papel de envolver regalos, fotos descoloridas de sus hijos vivos y muertos.

Los árboles de Navidad de la tía eran altos y raquíticos; siempre los compraba a última hora sin pensar. Mi abuela se sentaba en su silla de ruedas en el medio del salón, como siempre, mirando por la ventana como un pajarito. Cuando veía por fin a mi padre—el favorito—lo llamaba: "¡Chano!"

La familia de la tía Elsie era grande y alborotosa. Como eran tantos, se habían inventado un juego que se convirtió en otra tradición navideña. Escribían los nombres de todos en papelitos, y cada cual cogía uno. Entonces cada persona sólo le compraba un regalo a la persona cuyo nombre le había tocado. Aunque claro, mi madre les traía regalos a la abuela, al tío y a la tía, y a su ahijada, Charlotte. Mi abuela le llamaba "Charlie", con su suave acento mexicano que estiraba la "ch".

Como Mamá almacenaba los regalos de Navidad todo el año, casi siempre tenía regalos para todos. Le encantaba hacerles regalos a los seres queridos. Pero ella nunca recibía tantos regalos. Su cumpleaños era el 24 de diciembre, Nochebuena. Por esto nunca le tocaban regalos para las dos celebraciones como a los demás. Pero no le importaba, ya que lo más importante para ella era regalar. Incluso le encantaba darnos cosas que le sobraban, como cajitas de bombones, además de los regalos de siempre—los calcetines, los calzones, los camisones, batas, papelería, carteles, animales de peluche, adornos para el pelo. También había todo tipo de cosas raras que habían salido de tiendas afiliadas con sociedades benéficas: unas tarjetas religiosas hechas a mano por las monjas recluídas del Buen Pastor, o una muñequita con falda tejida amplia para cubrir el papel higiénico que había comprado en la tienda donde los ancianos vendían su artesanía.

CUANDO YO YA ERA mayor y me fui a vivir sola, Mamá siempre tenía unas bolsas grandes llenas de papel higiénico para mí y también para mi padre. Cuando llegaba el final de una de las visitas, antes de que me metiera en el carro, me daba la bendición y me abrazaba fuerte, con lágrimas en los ojos.

¿Qué le habrá pasado a la billetera con la imagen de Cristo? Me hubiera encantado verla otra vez. ¿Y a quién se le habría olvidado pasarle los calzones aquellos a otro? ¿A qué alma despistada se le habría olvidado mantener viva la tradición?

Presencié las enfermedades largas y las varias desventuras de mi padre. Mi madre se murió demasiado joven de cáncer de hígado y mi padre brillante y perturbado fue degenerando en una demencia producida por Alzheimer's.

LAS NAVIDADES SIEMPRE SERÁN especiales para mí, tanto por el jolgorio maravilloso como por su silencio profundo y meditativo. Una vez pasado el alboroto, nuestra callecita, La Colonia, se quedaba dormida, salvo una casa, con sus tres ventanitas, un árbol con adornos azules, rosados, blancos y plateados, y luces que iluminaban las ramas cubiertas de cabello de ángel. El montón de regalos al pie del árbol era tan grande que se desparramaba por la mitad de la sala. Hasta las mesitas y otros muebles estaban cargados de regalos.

Tranquilamente nos arrastrábamos a la cama. Los disgustos, las discusiones, las angustias triviales de la vida cotidiana se suspendían. Todos estábamos serenos y felices. Los tíos y los primos ya se habían acostado hace tiempo. Mi hermana y yo estábamos acurrucadas y tapadas, nuestro padre en casa con nosotras, aunque fuera por un ratito. Mamá, con ese pelo negro y largo que le daba hasta la cintura, su amplio pecho hinchado de felicidad, iba apagando todas las luces, salvo las del árbol. Se detenía un momento en el umbral de su cuarto, con la cara húmeda y sonrojada de emoción. Dejaba la puerta entreabierta, y así se quedaría, hasta que llegara su visita nocturna especial.

La billetera famosa estaba sobre la mesa de centro, esperando que una de nosotras la cogiera y la escondiera en la caja de regalos del armario. Los calzones estaban colocados descuidadamente sobre el sofá, como una bandera.

La noche estaba bellísima, silenciosa y tranquila. No se oía el pito discordante del tren, el que iba al norte, a Albuquerque y luego a Santa Fe.

Al amanecer transparente y oscuro, ese amanecer sagrado, los leves susurros y rumores de las voces y los cuerpos recién despiertos—y las ilusiones que los acompañaban—apenas quebraban la tranquilidad matutina.

Sopaipillas

NUEVO MÉXICO

Estas "almohaditas" se comen mucho en Arizona y Nuevo México, donde se sirven calientes en una cesta. Se pueden enmelar, espolvorear de azúcar acanelada, o partirlas por el medio y rellenarlas de frijoles o queso. Hoy día, como nos preocupamos más por los efectos dañinos de la grasa, ya no se fríe tanto en manteca como antes, aunque ésta tenga menos grasas saturadas que la mantequilla. Se puede sustituir cualquier grasa sólida de vegetal. No se debe utilizar aceite líquido, porque no se inflarán bien las sopaipillas.

2 tazas de harina
2 cucharaditas de polvo de hornear
1 cucharadita de sal
2 cucharadas de manteca o mantequilla
¾ taza de leche o agua tibia
grasa sólida de vegetal o manteca para freír
miel o azúcar acanelado

La masa

Tamizar la harina, el polvo de hornear y la sal. Incorporar la mantequilla o manteca, desmenuzándola poco a poco y trabajándola con los dedos o con una paletilla de pastelero. Se trabaja bien; la masa debe quedar bien homogeneizada y aplanada. Agregar el agua o la leche tibia poco a poco, removiendo la mezcla con un tenedor hasta que se incorpore bien el líquido. La masa debe quedar flexible y un poco pegajosa. Si los ingredientes secos no se absorben bien, añadir más líquido gota a gota hasta que la masa esté lisa.

Amasar suavemente sobre una tabla espolvoreada de harina. Poner la masa en un cuenco hondo, cubrirla con una toalla y dejarla así unos 30 minutos. Cuanto más tiempo se deje "descansar" la masa—lo ideal es 2 o 3 horas—más se inflan las frituras.

Para formar y freír las sopaipillas

Tradicionalmente las sopaipillas tienen forma de pequeños triángulos. Dividir la masa por la mitad y enrollar cada mitad hasta que cobre la forma de una salchicha gruesa. Extender la masa con un rodillo y darle forma rectangular de unas 3 pulgadas de ancho, y de 1/8 a 1/4 pulgada de grosor. Cortar la masa en pequeños triángulos, que deben ser del tamaño de un *biscuit*.

Cubrir una bandeja o una fuente con capas dobles de papel absorbente y colocarla cerca de la estufa. Poner la manteca en una sartén pesada y honda y calentar hasta que se derrita y tenga 1 1/2 pulgada de profundidad. Cuidado que no se humee. La temperatura de la grasa es fundamental para que las sopaipillas salgan bien infladas y doradas. Si se echan unas gotas de agua y empiezan a burbujear inmediatamente, el aceite está listo. Si empieza a humear, retirarla del fuego y dejar que se enfríe un poco.

Sumergir un triángulo de masa en el aceite caliente con una espátula de ranuras o colocar el triángulo directamente en el aceite y echarle aceite por encima con una cuchara. En unos segundos, el triángulo se inflará como un globito. Darle la vuelta y freír unos segundos más. Una vez perfeccionada la técnica, puede freír dos o tres al mismo tiempo.

Sacar y poner en papel absorbente y dejar que se escurran un poco. Deben servirse calientes rociadas de miel o espolvoreadas de azúcar acanelado.

Esta receta da unas 25 sopaipillas

Jaime Manrique

Jaime Manrique nació y se crió en Colombia. Es autor de tres novelas: Colombian Gold *(Clarkson Potter),* Latin Moon in Manhattan *(St. Martin's Press) y* Twilight at the Equator *(Faber and Faber). Sus obras más recientes son el poemario* Mi noche con García Lorca *(Painted Leaf Press) y* Sor Juana's Love Poems *(traducido en colaboración con Joan Larkin.)* Eminent Maricones *se publicará en 1999. Ha sido profesor en el programa MFA de Columbia University, en la New School for Social Research y en Mount Holyoke College.*

¡FELICES CRISIS Y UN AGITADO AÑO NUEVO!

ME CRIÉ EN Barranquilla, en la costa atlántica de Colombia. En este puerto caribeño que es como un caldero ardiente, los vientos alisios de diciembre nos traen las brisas nocturnas que vienen con la temporada navideña. Es como si fuera primavera. Los árboles lluvia de oro y los brotes dorados y malva de los matarratones parecen árboles navideños adornados de luces de neón.

La primera fiesta de la temporada navideña en Colombia es el 7 de diciembre, la noche de las velitas. Los vecinos adornan los porches con centenares de velas y faroles de colorines y luego están de fiesta hasta el amanecer.

Entonces salen y se unen a la procesión de la Inmaculada Concepción, cuya fiesta se celebra ese día.

Las próximas tres semanas son como un eterno 4 de julio: las noches resplandecen con las luces de Bengala que encienden los niños, y resuenan las pequeñas explosiones encadenadas de los triquitraques. Se improvisan unos pequeños castillos de madera, y cuando se incendian se reúne la gente a ver los brillantes espectáculos de pirotecnia.

Todos los años mi familia viajaba a El Banco, un pueblo en la ribera del río Magdalena, para pasar las Navidades en casa de mis abuelos. Ahí se juntaba la tribu de los Ardila, la familia materna: los abuelos, sus doce hijos y todos los nietos. Llegábamos para la Nochebuena y nos quedábamos hasta el Día de Año Nuevo.

Me acuerdo de que nos reuníamos por la noche en la iglesia principal del pueblo a cantar villancicos. También nos regalábamos aguinaldos y al amanecer del Día de Navidad encontrábamos los regalos que nos había traído el Niño Dios. Pero no todos mis recuerdos navideños de Colombia son tan agradables.

Hace poco llamé a mi hermana para averigüar qué reminiscencias tenía ella de las Navidades de nuestra niñez.—Lo único que recuerdo—me contó, indignada—es que los hombres sacaban sus rifles y pistolas, apuntaban hacia el cielo y los disparaban. ¡Me moría de miedo!—Yo también recordaba este despliegue terrorífico de machismo.

Después de la conversación con mi hermana me puse a pensar. ¿Qué otros recuerdos tenía yo de estas reuniones familiares? Poco a poco, empecé a recordar: lo que realmente producía toda la agitación de las fiestas eran las crisis familiares típicas de aquellos tiempos. Cada año le tocaba anunciar un nuevo romance a una de mis tías jóvenes. Y mi abuelo siempre encontraba al pretendiente—sea quien fuera—indigno de su hija.

La Navidad no nos hubiera parecido auténtica sin algún intento de suicidio de una de mis tías enamoradizas. Una se tragaba una caja de cerillas, otra una decena de petardos, otra se daba un tajo en la muñeca. Cuando una de ellas realmente quería darnos un susto, anunciaba que iba a tomarse un veneno de ratas. Por suerte, ninguna llegó a eso.

Así que mientras los aromas de las ayacas, del arroz con coco, del arroz con leche y de las natillas emanaban de la cocina, melodramas de vida y muerte se desarrollaban en las habitaciones de las mujeres. Mientras sacaban pavos rellenos y enyucados perfumados de canela del horno y envolvían pasteles de arroz en hojas de plátano, las matriarcas salían y entraban disparadas de la cocina al cuarto de una tía u otra para salvarle la vida. Todo esto era agotador para estas señoras: tenían que asegurarse que el pernil estuviera en su punto antes de acompañar a una de las jovenes al hospital, o recordarse de mezclar los ingredientes para los pasteles antes de hablar con los médicos que pasaban por casa día y noche.

Mis jóvenes tíos también se enamoraban, pero dramatizaban sus desdichas emborrachándose y chocando la camioneta contra un enorme montículo de termitas. En mi familia, tomábamos el amor muy en serio.

La temporada navideña se clausuraba el Día de Año Nuevo en la finca de mi abuelo. Siempre había por lo menos una joven con la muñeca vendada, otra tirada en una hamaca, demasiado débil para caminar porque le acababan de hacer un lavado de estómago. También había algún tío con muletas, la pierna enyesada, y con una cara de furia como la de Paul Newman en *Un gato sobre tejado caliente*. Comíamos un sancocho de proporciones épicas, especulando a quién le tocaría ser protagonista del drama amoroso de la próxima Navidad.

Por esto no me extraña que hasta el día de hoy me da pavor solamente oír la palabra *Navidad*. Ya era bastante mayor cuando me enteré de que había familias que no celebraban las fiestas como la mía. Pero como soy comilón, daría lo que fuera para volver al pasado y comer uno de los pasteles inmortales que hacía mi tía Emilia para Nochebuena.

Pasteles de arroz y gallina

COLOMBIA

La preparación de pasteles es como una labor colectiva, parecida a las antiguas reuniones de mujeres que se hacían para coser, bordar, tejer o preparar un ajuar. Reunirse para preparar los pasteles es parte de la celebración navideña; las mujeres organizan una especie de fábrica pastelera. Después de picar y cocinar los ingredientes para el relleno, se forma la cadena de armar pasteles: una prepara las hojas, otra las rellena, luego otra envuelve, y la última los ata. Los pasteles se pueden armar con mucha antelación y congelar. Ni siquiera hay que descongelarlos, sino que se ponen a hervir unos 15 minutos más de lo normal.

Joabeth de Ardilo, la tía política de Jaime Manrique, contribuyó esta receta.

EL ENVOLTORIO

30 a 40 hojas de plátano, u hojas de papel pergamino y papel de aluminio

Las hojas de plátano se pueden comprar crudas o ya preparadas en comercios de productos tropicales. Para preparar las hojas crudas hay que limpiar cada una con un trapo húmedo. Luego con unas tijeras de cocina, se cortan en cuadros de 9 a 10 pulgadas. Entonces, hay que sostener cada hoja con unas pinzas sobre una llama y darle vueltas hasta que empiece a cambiar de color. Amontonarlas sobre una hoja de papel de aluminio y envolverlas levemente para mantenerlas calientes. Si se enfrían se pondrán tiesas y será difícil manejarlas.

Las hojas le dan un sabor riquísimo al relleno, pero si no se consiguen, se puede utilizar papel pergamino y papel de aluminio. Cortar el papel en cuadros de 6 a 8 pulgadas. Entonces cortar el papel de aluminio en cuadros de 8 a 10 pulgadas. Poner un cuadro del papel sobre el cuadro de papel de aluminio. Envolver para que el aluminio esté por fuera. Estos envoltorios tienen que ser muy resistentes, ya que van a hervirse por un rato largo.

EL ACHIOTE

1 taza de aceite de oliva o vegetal
2 cucharadas de semillas de achiote

En una sartén de hierro pesada, calentar ½ taza de aceite. Cuando esté muy caliente, echar las semillas de achiote. Bajar el fuego y remover continuamente, unos 5 minutos, hasta que el aceite adquiera el color del achiote—un rojo anaranjado intenso. Dejar enfriar y colar. Conservar en un recipiente de cristal.

EL ARROZ

4 libras de arroz
10 a 12 dientes de ajo, machacados
4 cebollas grandes, bien picadas
4 cucharaditas de comino molido
2 cucharaditas de pimienta negra molida
sal
1 taza de aceite achiote

Lavar el arroz y colarlo bien. Calentar el aceite achiote en una olla grande, vigilándolo para que no eche humo. Agregar el ajo, la cebolla y el arroz. Cocer, removiéndolo constantemente hasta que el arroz se ponga transparente. Añadir el comino, la sal y la pimienta y removerlo. Retirar.

EL RELLENO

aceite de oliva o vegetal
1½ libra de carne de cerdo, cortada en pedacitos
2 pimientos verdes, cortados en pedacitos
1 manojo de cebollines, picados en rebanadas finitas
5 dientes de ajo, bien picado
3 a 4 libras de pollo, deshuesado y cortado en pedacitos
1 taza de vino blanco
3 cucharadas de puré de tomate
2 zanahorias, bien picadas

1 cucharada de adobo (una mezcla de especies que se vende preparada en la sección internacional del supermercado)
2 papas, cortadas en cubitos
4 onzas de aceitunas verdes, coladas y picadas
4 onzas de alcaparras

Engrasar una sartén pesada y saltear la carne de cerdo unos 5 minutos, removiéndola constantemente para que se dore uniformemente. Agregar el pimiento, los cebollines y el ajo y saltear 2 minutos más, y entonces añadir el pollo. Remover hasta que el pollo empiece a cocinarse (se pondrá blanco) y entonces agregar los otros ingredientes. Saltear unos 10 a 15 minutos más. El pimiento y la cebolla no estarán hechos del todo.

hojas de plátano
½ taza de aceite de oliva
el arroz preparado
el relleno
agua salada para cubrir

Colocar una hoja de plátano (tibia) sobre una tabla. Usando una brochita de pastelero, engrasar ligeramente una superficie. Colocar dos cucharadas generosas del arroz en el centro, y encima, 1 cucharada del relleno. Doblar dos de los bordes largos sobre el relleno, y luego los otros dos extremos como si fuera un regalo. La envoltura no debe quedar muy apretada porque el arroz se expandirá. Repetir para armar el segundo pastel. Poner una yarda de hilo de cocina doblado por la mitad sobre la tabla, y colocar los dos pasteles en el medio. Atar los dos pasteles juntos, rodeándolos con el hilo dos veces, como se haría con un regalo. Atar las puntas en el medio.

Colocar los pasteles en el fondo de una olla grande y honda. Se puede amontonar en 3 o 4 capas. Cubrir con agua salada y poner a hervir. Cuando hierva el agua, bajar el fuego y dejarlos a fuego lento unos 90 minutos. Sacar uno y desenvolverlo para ver si está hecho. Para servir, cortar el hilo y sacar el paquete de las hojas.

Esta receta es suficiente para 30 a 40 pasteles.

EN BRAZOS DE UNA DONCELLA

Una canción navideña del Ecuador

En brazos de una doncella, un
infante se dormía.
En brazos de una doncella, un
infante se dormía.

Y decirte lo que siento en mi
pobre corazón,

Quisiera niñito adorado, calentarte
con mi aliento,
Y decirte lo que siento, en mi pobre
corazón.

Michael Nava

Michael Nava es de Sacramento, California. Es autor de la serie Henry Ríos, novelas policiales cuyo protagonista es un abogado chicano homosexual. Su obra más reciente es The Burning Plain *(Putnam).*

CARIDAD

Como muchos otros niños de Gardenland, el barrio de Sacramento donde me crié, mi familia vivía de asistencia pública, del *welfare*. Esto era bastante corriente, ya que había sido barrio de pobres desde siempre. Eramos descendientes o de inmigrantes mejicanos o de campesinos de Oklahoma, los llamados *Dustbowl Oakies*. Mi familia materna había vivido en Gardenland desde los años veinte porque la familia de mi abuela tuvo que huir de Méjico después de la guerra civil que siguió a la Revolución de 1910. Mi abuelo era un indio Yaqui. Su familia también tuvo que huir de Méjico a Arizona a finales del siglo pasado cuando el ejército federalista de Porfirio Díaz invadió su tierra ancestral en el desierto de Sonora. En Gardenland, mis abuelos pudieron lograr una comodidad modesta de clase obrera. Sin embargo, a mi madre, su hija mayor, no le fue tan bien.

Celebrábamos Navidad el día 25, estilo americano, en la casa de los abuelos con el árbol y el típico pavo. Sólo mi abuela mantenía algunas tradiciones mejicanas, y de éstas sólo quedaba un vestigio—los tamales que servía con el pavo. En los montones de regalos que había al pie del árbol, siempre había algunos para mí y para mis hermanos, pero eran de parte de los abuelos o los tíos. Mi madre, que a duras penas nos mantenía con los cheques del *welfare*, no podía comprarnos regalos ni a nosotros ni a los sobrinos. Lo pasaba muy mal en las Navidades.

Todos los años, el *Lions Club* "adoptaba" a unas familias pobres en Navidades. Un año nos tocó a nosotros. Además de mandarnos una cesta de comida a casa—con pavo y todo—nos llevaron a los niños a una fiesta en el club donde Santa Claus nos daría regalos.

Una de mis tías me dijo una vez que mi madre, de adolescente, había sido "tan bonita como la Rita Hayworth". Pero ya a los treinta y tantos años, con los seis hijos y el marido en la cárcel, la cara se le había convertido en una máscara de rasgos borrosos conectados por los hilos de la angustia. Pero yo era un niño, y aparte de las monedas de cinco centavos que necesitaba para comprar caramelos y cómix, el dinero no significaba nada para mí. Además, el ser pobre en Gardenland en los años cincuenta o sesenta no tenía nada que ver con serlo en la época actual. Las drogas y la delincuencia no formaban parte del cuadro de aquellos tiempos. Tampoco se les despreciaba a los pobres como hoy. Antes, la pobreza se consideraba una circunstancia con posibilidades de solución y no un defecto moral sin arreglo. Y Gardenland, como sugiere el nombre, era un barrio rural donde la gente a veces cultivaba algunas frutas y verduras en pequeñas huertas y las ancianas criaban pollos para alimentarse. Gardenland era una comunidad rural aislada, y no un barrio marginado de zona urbana heterogénea. Todos vivíamos igual. No había punto de comparación que revelara la realidad de nuestra condición.

Mi madre sí sabía, porque era ella la que se enfrentaba con la realidad de nuestra pobreza cotidianamente: tenía que manejar los detalles de nuestra economía, ocupándose de hacer milagros con muy poco dinero. Era ella la que tenía que pedir prórrogas para pagar la renta y la cuenta del mercado de la esquina. La pobreza también la obligaba a renunciar a su orgullo y a permitir que nosotros los niños nos buscáramos la vida en el mundo de los que tenían más que nosotros, es decir, el mundo de los blancos. Desgraciadamente éste es un dilema que muchos pobres tienen que enfrentar: o mantener a los niños en la pobreza más abyecta o entregarlos a la posibilidad de mejores condiciones. Estaba muy claro que desde chiquito, yo sería uno de estos niños. Yo era precoz y me pasaba las horas en el universo imaginario de los libros, curioso por saber lo que había más allá de los horizontes de pobreza de Gardenland. Durante mi niñez, mi madre fue entregándome al mundo de los blancos, y ahí fue donde me di cuenta de la realidad de nuestra miseria.

El *Lions Club* daba su fiesta de Navidad en un auditorio en el centro de Sacramento. Recuerdo un salón grandísimo, iluminado, amueblado y decorado para la fiesta: mesas con manteles rojos y verdes, con unos centros de piñas doradas, acebos y velas. Había jarras de ponche y bandejas de dulces en una mesa larga al fondo. Eramos como doscientos niños, la mayoría negros o morenos, todos vestidos con lo mejor que teníamos. Nos habían advertido que no nos ensuciáramos, pero siempre había algún percance acompañado de lágrimas—unos zapatos nuevos se habían rayado, una camisa blanca se había manchado de ponche. Cargamos los platos de galletas, caramelos y bizcochos, llenamos los vasos de ponche y nos acercamos a la mesa de nuestro "padrino". En el escenario había un mago o un coro cantando los *carols* tradicionales. Pero todo esto era un preludio a lo que esperábamos ansiosamente. Al fondo del escenario había un inmenso árbol de Navidad, cuyo olor a pino se desprendía por la sala. Lucecitas y globos de colores relucientes adornaban las ramas. Una estrella dorada con pequeñas lucecitas blancas coronaba un árbol que llegaba casi al techo. Al pie del árbol estaban los regalos, con envolturas preciosas: papel fino y de un brillante verde, rojo, plateado y dorado, con cintas y lazos exuberantes. Santa Claus, sentado en una silla que parecía un trono, distribuía el botín.

Para la mayoría de nosotros, las montañas de paquetes representaban una abundancia tan inconcebible que casi no importaba lo que llevaban dentro. La tarde iba pasando y nos llenamos de dulces. El asombro se convirtió en entusiasmo, que luego terminó en impaciencia y ansiedad. Nos parecía que no habría regalos suficientes para todos. Cuando por fin Santa Claus apareció en un trineo ayudado de unos duendes vestidos de verde, ya se había disipado la alegría, y lo que quedaba era nuestro nerviosismo infantil. No se les había ocurrido a los bienintencionados y generosos *Lions* que el mago y el coro, en vez de entretener a los niños pobres de Sacramento, nos produciría ansiedad con respecto a los regalos. Nosotros no teníamos nada, y al ver todas estas maravillas y sentirnos tentados por ellas nos volvió un poco locos.

Después de un breve discurso contándonos que había revisado su lista de niños buenos y que ahí estábamos todos nosotros, Santa Claus empezó a distribuir los regalos con la ayuda de un duende que se los entregaba de los montones al pie del árbol. Entonces Santa Claus anunciaba el nombre del niño, y éste tenía que subirse al escenario a aceptarlo mientras un fotógrafo conmemoraba el acontecimiento con su *flash*. Como había cientos de niños, esta ceremonia se demoró muchísimo. La alegría que quedaba pronto se transformó en inquietud. Nos advirtieron que no abriéramos los regalos hasta que no llegáramos a casa, pero algunos no pudieron esperar y se pusieron a rasgar el papel brillante camino a su mesa. Los niños quedaban desilusionados porque los regalos no habían sido seleccionados específicamente para cada uno de ellos, sino genéricamente—las niñas recibían unas muñecas comunes y corrientes y los niños *Lincoln logs*, unos troncos de plástico para construir cabañas como la de aquel presidente mítico. Al final de la fiesta me sentí como si hubiera estado haciendo cola en el hospital municipal para que me hicieran un chequeo. Sin embargo, cuando regresé a casa, mi madre me preguntó si lo había pasado bien, y sabía que le tenía que decir que sí.

La última vez que fui a la fiesta de Navidad del *Lions Club* tenía diez años. Para entonces ya entendía que no era una fiesta auténtica a la que había sido invitado por cariño o amistad. Me invitaban sólo porque éramos pobres y empecé a comprender que una de las labores de los pobres es recibir caridad. No sé exactamente por qué, si fue por un precoz sentido de dignidad o sencillamente ingratitud, pero desde entonces nunca más quise ser uno de los niños pobres que se beneficiaría de unos juguetes que los *Lions* les había pedido al público. Era fácil aceptar regalos de mis tíos que eran más acomodados que nosotros, porque eran de la familia y la familia se ayudaba y eso no era ninguna humillación. Sin embargo, el aceptar limosna de extraños nos señalaba y categorizaba de pobres y, por tanto, inferiores.

Con un pequeño—y para mí, inusual—gesto de rebelión, un año me negué a ir. Pero para entonces, dos de mis hermanos ya tenían la edad para que los invitaran, y mi madre, apelando a mi dimensión de niño bueno, me pidió que los acompañara. En su ruego había algo más, algo no expresado: que no la juzgara severamente por lo que tenía que hacer para que sus hijos recibieran regalos de Navidad. Si no fuera por la fiesta de los *Lions*, no recibirían nada. En ese momento, llegamos tácitamente a un acuerdo, a una complicidad que reconocía nuestra obligación compartida. Yo no pude negarle el pedido.

Llegó nuestro "padrino". Los tres nos metimos en su carro, donde ya había un par de niños más, y nos fuimos a la fiesta. Tan pronto como entramos en el auditorio, vi el árbol y los regalos y pensé en el desfile de la mesa al escenario para aceptar mi regalo genérico. Me dieron retortijones de estómago. Pero pensé en mi madre y quería ser obediente. Tomé a mis hermanitos de la mano y les enseñé el árbol, los regalos y el trono de Santa Claus, y les dejé que se llenaran de dulces. Pero su entusiasmo generó un sentimiento de culpa, porque sabía que los había iniciado en un rito que no era lo que aparentaba.

Estuve así, preocupado toda la tarde, apenas comiendo ni bebiendo nada, esperando que se anunciara mi nombre. Por fin oí a Santa Claus decir, "Mike Nava".

Me quedé sentado, alicaído.

—Ese eres tú —me dijo mi padrino.

—¿Mike Nava? —repitió Santa Claus.

Bajé la vista, miré fijamente el plato con los restos de bizcocho que apenas había tocado, y no pude mirar a mi "padrino". Me dijo, "Mike, anda, ve a coger tu regalo".

Yo susurré un "No".

—¿Mike Nava? —dijo Santa Claus, esta vez un poco impacientemente. —¿Dónde está Mike?

Las patas metálicas de la silla de mi "padrino" chirriaron contra el linóleo. Se incorporó y a pasos largos y decisivos, se acercó al escenario donde aceptó mi regalo de Santa Claus, que comentó que "Mike" estaba un poco grande para su edad.

—Toma —me dijo mi "padrino", entregándome el regalo. —¿Qué te pasa? ¿Te sientes mal?

—Me duele la barriga —le dije entre dientes.

—¿Pues por qué no me lo dijiste? ¿Tienes que ir al servicio?

Asentí.

—¿Sabes dónde está?

—Sí.

Me levanté y me abrí camino por las mesas de niños alborotados y por fin llegué al servicio. Me senté, aunque realmente no era necesario, contando los minutos hasta que fuera el momento de regresar a la fiesta. Me lavé las manos, por si acaso el "padrino" me las examinara, y me miré en el espejo. Estaba llorando. Me lavé la cara y volví a la fiesta. Por fin se terminó todo y el "padrino" nos llevó a casa. Cuando llegué, mi madre me preguntó si lo había pasado bien. Cogí el regalo, todavía envuelto, y lo tiré al suelo.—La próxima vez no iré—le dije.

Mi madre me miró y se dio cuenta de lo que estaba pasando.—Siento que no lo hayas pasado bien, m'hijo . . . El año que viene ya podrán ir solos los niños.

Al día siguiente, taché mi nombre de la etiqueta del regalo y le pedí a mi madre que parara en la estación de bomberos camino a casa de los abuelos. Sabía que allá también recogían regalos para los niños pobres. Paró el carro, entré corriendo, y le di el regalo al primero que vi.

Ponche navideño

CALIFORNIA

No hay niño criado en los Estados Unidos que no haya disfrutado de un buen ponche de frutas en una fiesta navideña. El ponche puede llevar cualquier combinación de jugos y refrescos. En México, lleva frutas indígenas como la guayaba y el tejocote, una pizca de canela y, para los mayores, un poco de tequila, ron o vino tinto. Esta receta, típica de los Lions Clubs norteamericano, es muy sencilla de preparar y delicioso; es la bebida perfecta para cualquier fiesta navideña. Marion Cooper, de Simi Valley, California, contribuyó esta receta.

1 lata de jugo de naranja congelado y una de limonada, diluídas
1 lata grande de néctar de albaricoque
2 botellas grandes de refresco de limón y lima

Mezclar los ingredientes con hielo y servir.

Este receta es suficiente para unas 20 copas.

Julia Alvarez

Julia Alvarez emigró con sus padres a los Estados Unidos cuando tenía diez años. Es autora de tres novelas, How the García Girls Lost Their Accents, In the Time of the Butterflies *y* ¡Yo!, *y dos poemarios:* Homecoming *y* The Other Side *y una colección de ensayos de próxima aparación,* Something to Declare. *Es profesora en el Middlebury College. El texto que sigue es un relato que ficcionaliza las experiencias de la autora como niña en la época del régimen de Trujillo. El cuento se publicó por primera vez en la revista* Latina *en diciembre de 1997.*

DEL NIÑO JESÚS A SANTICLÓ

—¿VA A BAJAR POR la chimenea? —pregunté. Esta idea no me gustaba nada.

Fico, mi primo, maestro y pequeño hombre de mundo, me contaba cómo *Santicló* nos traería los regalos de Navidad. Desde que los norteamericanos se habían instalado en nuestro país y habían montado la dictadura, las costumbres del Norte se habían impuesto. Ahora vendría un tremendo barrigón de ojos azules cargado de regalos para nosotros . . . aunque tampoco estaba nada claro si nos tocarían regalos este año. Eramos los traviesos de la familia y los mayores ya nos habían advertido que lo más probable era que el famoso *Santicló* nos obsequiaría con una caja para zapatos llena de caca de gato.

Yo prefería al Niño Jesús. Aunque sólo nos tocara un regalo a cada uno, sabíamos que nunca nos fallaría. Además, el Niño lo tenía todo clarísimo: el infierno era para los que se portaban mal. Así que nunca se le hubiera ocurrido dañar las Navidades con castigos y regaños. No era Su estilo.

Tampoco nos iba a dar un susto bajando por la chimenea en las altas horas de la noche. En la época del Niño, al despertarnos, bajábamos corriendo y encontrábamos los regalos debajo de nuestro árbol navideño tropical —una mata de uvas de playa que brotaba de una lata de pintura cubierta de papel de aluminio. Un año, me tocó una bicicleta con los mangos adornados de cintas de plástico, otro, un disfraz de vaquera. La verdad es que este regalito no me gustó nada. ¡Hubiera preferido un disfraz de vaquero con pistolera y todo, como el de Fico! ¡No la versión mujercita que me tocó a mí, llevaba una carterita y espejito! Pero no podía despreciar el regalo ni ser malagradecida. Y menos con el Niño, ya que de grande iban a crucificarlo al pobrecito. Quizás lo de *Santicló* tendría sus ventajas, quizás podríamos quejarnos, o incluso devolver regalos como en una tienda.

—Puede que llegue tarde, es que tiene que viajar desde Nueva York —dijo Fico, sonriéndose.

Esto sí que era prometedor. Sabíamos que Nueva York era el paraíso de los juguetes. Cuando nuestros abuelos viajaban al Norte, siempre volvían con las maletas llenas de juegos de todo tipo, rompecabezas, pelotas para jugar al *ping-pong*, una pantalla mágica con un lienzo de plástico para dibujar, que cuando lo levantabas—*abracadabra*— ¡desaparecían los dibujos! También nos regalaban cosas prácticas: zapatos para el colegio y maletines para los libros. A veces nos traían unos chocolates *Russell Stover*. Había que tener mucho cuidado cuando los mayores nos pasaban la caja para asegurarnos de que no nos tocara uno relleno de algo malo como mermelada. Había que presionar muy cuidadosamente cada bonbón con la yema del dedo para saber si era uno de los buenos, relleno de nueces o de chocolate. Si acertabas, te lo metías en la boca en un instante y—si eras revoltoso como Fico o yo—abrías la boca para exhibirles el premio a las primitas ñoñas. Luego se quejaban: "¡Mami, mira qué malos son los primos!"

—¡Pues este año quiero un trampolín, un avioncito que vuele de verdad y un carrito que pueda conducir yo solito! —Fico gritaba como si quisiera que

Santicló lo oyera allá en el Norte. Con cada regalo que mencionaba, alzaba la voz un decibelio.

Yo estaba muerta de envidia. Mi primo siempre tenía tantos juguetes. Sus padres eran ricos y se lo llevaban en sus viajes a Miami y a Nueva York. Pero Mami se había casado con Papi, que no tenía tanto dinero. Los hermanos de Papi siempre tenían líos con el dictador. Uno de ellos, el tío Federico, era abogado. No podía salir de su casa, parece que había hecho algo malo. Otro, el tío Puchulo, había escrito un artículo en el periódico que causó un revuelo en casa —mis tías andaban con las manos sobre el corazón y los ojos enormes, como en el cine cuando alguien estaba muerto de susto.

Pues yo también quería proclamar a gritos la retahíla de regalos para que me oyera *Santicló* allá en el Norte, y me trajera todo lo que yo quería. Y grité —¡Quiero un trampolín, un avión que vuele de verdad y un televisor!

—¡Pero si yo también quiero un televisor! —declaró Fico.

—¡Pues la idea fue mía!

—¡Mentira!

Estábamos dando voces, cara a cara. Sentía el húmedo aliento de mi primo en la piel. Pronto estaríamos revolcándonos en el suelo, dándonos puñetazos, hasta que llegara una de las sirvientas para separarnos y llevarnos a cada cual a su madre. Ellas nos advertirían que *Santicló* vendría la próxima semana con cajas para zapatos llenas de caca de gato de regalo para nosotros dos.

Esta idea me hizo callar. —Fico—murmuré arrepentida—no podemos seguir con estos gritos. Quizás *Santicló* nos pueda oír.

Fico se encogió de hombros y dijo,—*Santicló* habla inglés, tonta. Ni siquiera nos entiende. —Pero Fico también dejó de gritar, por si acaso *Santicló* era como el Tío Puchulo, que siempre decía que el no saber inglés no era lo mismo que no entenderlo.

Y EL TÍO PUCHULO, ¿dónde estaba? Hacía unos días su nombre siempre estaba en nuestras conversaciones por algo que había escrito en el periódico. Luego, como los dibujos que hacíamos en la pantalla mágica y después—*abracadabra*—se desaparecían—él también desapareció. —¿Dónde está el tío Puchulo? —pregunté unos días antes de las Navidades, un domingo que no vino a cenar como siempre. Estábamos todos en el patio. De pronto todos los tíos y abuelos se callaron. Mi madre me miró como cuando yo les exhibía el premio *Russell Stover* medio masticado a mis primitas.

—¿Y tú por qué preguntas dónde está el tío Puchulo? —me preguntó Mami muy suavemente, y no con ese tono que usaba cuando quería regañarme.

Me pareció la pregunta más tonta del mundo, y le contesté: —Pues porque no está aquí.

Entonces todos suspiraron y se rieron con alivio. —Claro que no está el tío Puchulo, se fue de la capital.

—No sabemos dónde está —agregó Mami de pronto. Una de las sirvientas acababa de salir al patio con un carrito lleno de platos de servir.

—Bueno, ¿por qué no hablamos de *Santicló?*—preguntó una tía alegremente. De pronto, un "¡SÍ!" resonó del alboroto de la mesa de los niños. —¿Qué quieren para las Navidades? —preguntó. Todos empezamos a dar voces. Mi tía se tapó los oídos y puso los ojos en blanco como una loca al oír nuestros gritos a todo pulmón de los regalos que deseábamos.

Cuando terminamos de cenar, mi madre me apartó de la reunión y me dijo: —Cuca (el cariñoso apodo con el que me mimaba cuando quería algo de mí), ¿quieres que *Santicló* te traiga el televisor ese?

—¡¡¡¿Me va a traer el televisor?!!!

—Bueno—dijo Mami, titubeando—quizás nos traiga uno para todos.

—Ah, bueno. —Esto me había bajado el ánimo. En casa de Fico había un televisor para los mayores, otro para los niños y hasta uno para las sirvientas. Y ahora Fico había pedido uno para él solito, para su cuarto. Pero un televisor compartido era mejor que ninguno.

—Pero mi querida Cuca, creo que ya no debes mencionar más al tío Puchulo. Es que no le cae muy bien a *Santicló,* ¿sabes? Y si *Santicló* te oye mencionarlo, creo que el televisor ese no te va a llegar para Navidad.

Pues yo estaba segura que el *Santicló* ese era un señor con mal gusto si mi tío Puchulo no le caía bien. Era muy divertido. Cuando venía a vernos los domingos, les preguntaba a los primitos si querían ver los *panties* de los angelitos, y si decían que sí, cogía a los niños por los tobillos y los levantaba para que pudieran ver el cielo al revés. Y si te tocaba un chocolate de esos asquerosos, siempre te daba un chicle para consolarte. Pero un televisor era ya otra cosa. Le prometí a Mami que ya yo no mencionaría el nombre de mi tío.

—Bueno, ¿ya ves qué niña más buena eres? —Hacía mucho tiempo que no me había dicho eso.

MIS ABUELOS dieron una gran fiesta para Nochebuena. A los niños se nos permitió estar un ratito, pero luego nos llevaron a casa antes de que empezara el jolgorio y uno de los tíos se subiera a la mesa para bailar un tango y otro se tirara a la piscina vestido. Y por primera vez no nos quejamos al irnos. Esta noche era especial. Sabíamos que no vendría *Santicló* hasta que todos los niños del mundo no estuvieran dormidos.

Oía el alboroto de la fiesta desde mi cuarto. Nuestra niñera Iluminada, que era ya mayor, nos puso los pijamas *babydoll* y entonces nos arrodillamos en fila para rezar. Mientras pasaba lista de los que quería que Dios cuidara—mis abuelos, mi madre, mi padre, mis tíos—de pronto se me escapó el nombre del tío Puchulo.

Me tapé la boca y miré a Lumi. Igual no me había oído.

—¿Y por qué no rezar por tu tío? —me preguntó en una voz baja y feroz.

—Porque Santicló no lo quiere—le expliqué a Lumi.

—¿Qué es eso de Santicló? ¡Mira que sus padres los están criando sin principios! —exclamó bruscamente. Lumi nos regañaba a todos, aunque sólo hubiera un culpable—. Todos ustedes ahí rezándole a un blanco barrigón vestido de rojo como el diablo. Pídanle perdón al Niño Jesús y ruéguenle que vuelva a esta casa a librarnos de estos pesares.

Yo nunca les hacía mucho caso a lo que decían los mayores al menos que no tuviera que ver con televisión, una excursión a la heladería o la posibilidad de un nuevo juguete. Iluminada sabía leer los posos del café y adivinar el futuro; me decía que me iría a otro país donde cambiaría todo —el idioma, la casa, los amigos, el colegio, hasta las esperanzas e ilusiones. Había estado con la familia de mi padre desde la gran masacre de Haití, mucho antes de que yo naciera. La madre de mi padre, a quien yo nunca había conocido, había escondido a la pobre haitiana aterrorizada y a su niño debajo de un montón de ropa sucia. Cuando los del dictador registraron la casa, no encontraron a nadie. Lumi le tenía auténtica devoción a la familia de mi padre, pero sobre todo al tío Puchulo. Este le había dicho al soldado que estaba a punto de meter la bayoneta en aquel montón de ropa, que si dañaba las sábanas de su madre, el diablo se las pagaría.

Me quedé dormida, apesadumbrada. No habría regalos para mí, de eso estaba segura . . .

En medio de la noche, de pronto me desperté. Se oían pasos, alguien estaba arriba . . . Pasos en las escaleras . . . Voces . . . Ruegos murmurados de silencio . . . Un poco más tarde, arrancó un carro. ¿Se habría estropeado el trineo de Santicló? ¿Sabría conducir un carro?

Años después, por fin seguros por habernos fugado a los Estados Unidos, cambiado todo—la ciudadanía, el idioma, la casa y los sueños—como había predicho Lumi, Papi me contó la verdad del tío Puchulo. Lo habían escondido en un armario en un piso alto de nuestra casa por dos semanas antes de poder sacarlo del país clandestinamente a través del interior y la frontera haitiana.

Al día siguiente, que era Navidad, Mami se veía más contenta, más tranquila, como si se hubiera sacado un tremendo peso de encima. Y ahí estaba, en la sala: un televisor. ¡Pero resultó que durante las próximas semanas no hubo programas! Por problemas de seguridad, la programación se había limitado a largos informes desde el palacio nacional.

—¡Ten cuidado con lo que pides! —me regañó Lumi cuando me quejaba.

Pero lo que recuerdo de esa Navidad que cambiamos al Niño Jesús por Santicló no es la desilusión de haber conseguido un televisor sin programas. Recuerdo aquellos pasos que a altas horas de Nochebuena me habían despertado, y la felicidad que sentí. Santicló sí había venido. Mami se había equivocado. Santicló sí quería a mi tío.

Me dio una tentación de levantarme y bajar a ver los montones de regalos al pie de la mata de uvas en la sala. Pero no pude levantarme. Sentí el cuerpo pesado, pesadísimo, y lentamente descendieron las sábanas de la oscuridad, y me quedé dormida.

Liz Balmaseda

Liz Balmaseda es columnista del Miami Herald *y ganadora del Premio Pulitzer (para comentaristas) en el 1993. Ha sido redactora jefa de asuntos centroamericanos en El Salvador para la revista* Newsweek *y gerente de la emisora NBC en Honduras. La Asociación de Periodistas Hispanos le otorgó el premio Guillermo Martínez-Márquez y la Asociación Nacional de Periodistas Negros la premió por sus escritos sobre Haití.*

EL AÑO QUE VIENE, ¡EN LA HABANA!

PARECE QUE SIEMPRE ESTABA aquel lechón, gordito y alimentado por la nostalgia, adobado de la política del exilio, y siempre, al final, con la suerte de ser perdonado por Fidel.

Era el lechón que nuestros viejos de Miami—año tras año—juraban que comerían en La Habana la próxima Nochebuena: —Oye chico, el año que viene el lechoncito lo comemos allá . . .

Allá.

Sería un lechón que matarían al almanecer, espetarían con triunfo y bajarían a un hueco en el patio—o quizás asarían en un aparato de esos de hojalata que usaban en el exilio, llamado *la caja china.* Lo asarían muy despacito, hasta que estuviera en su punto, mientras iban llegando las multitudes familiares, amontonándose en la cocina. Entonces, el son del triunfo se

filtraría por el susurro de las palmeras como una canción de Willy Chirino, dándole serenata al lechoncito martirizado.

Los niños le pedíamos bicicletas y muñecas Barbie a Santa Claus.

Mami y Papi y Abuelo y Abuela le pedían Navidades en Cuba.

Desde que tengo memoria, la Nochebuena al estilo Miami siempre ha sido una fiesta alimentada por la fantasía. Con un *spray* blanco que parecía nieve, creábamos un paraíso invernal en las puertas de cristal del *Florida room:* escribíamos "¡Feliz Navidad!", dibujábamos al obligatorio señor de nieve rechoncho y caramelos en forma de bastoncito —así borrando las vistas del patio, con sus palmeras y bananos, naranjas y mangos, su altar de la Virgencita de la Caridad del Cobre, el *Slip-n-Slide* y la redecilla de baloncesto.

Celebramos un sinfín de Nochebuenas en Hialeah, los viejos siempre invocando los espíritus de las fiestas de antaño, mientras sus hijos analizaban el equipo de los *Miami Dolphins*. Nuestros intentos inconscientes de asimilación creaban unas escenas muy raras. Imagínense la combinación de Celia Cruz, Benny Moré y Joe Cuba con Dasher, Dancer, Prancer y Vixen.

Mi tío cantaba unos tangos empapados de ron, y mi prima, las canciones de Charles Aznavour. Yo la seguía con la guitarra y su voz alcanzaba octavas impresionantes. Tomábamos *eggnog* y comíamos turrón. Al acercarse el amanecer navideño siempre se oía el llanto de alguien que lloraba la ausencia de los que había dejado allá en Puerto Padre, Cuba, los que parecían existir en otra dimensión, en un estado de inercia triste y gris.

El Día de Navidad, las raíces cubanas dominaban la mesa y el baile. Pero ni los frijoles negros ni la yuca con mojo ni el cha-cha-chá podían recrear el ambiente de nuestra Cuba en West Hialeah, Dade County, Florida. Los nostálgicos tenían que conformarse con la fantasía.

Mientras tanto, nos considerábamos bastante americanos. Sabíamos la rutina navideña americana a la perfección. Nos habíamos enterado del *layaway* y de cómo navegar los *malls*. Esperábamos a Santa Claus con la misma ilusión que los demás—aunque sabíamos que, con nosotros los cubanos, tendría que trabajar *overtime* y añadir más paradas a su ruta.

Lo que nos diferenciaba de los americanos era aquel lechón, el de la pena de muerte prorrogada, cuando ya claro que el próxima año, otra vez en Miami.

Acá.

Yuca en escabeche

PUERTO RICO

La yuca es un tubérculo tropical. Se compra fresca en bodegas hispanas. También se consigue congelada en supermercados. La madre de Esmeralda, Ramona Santiago, prepara este plato la noche antes de servirlo. Sin embargo, ella lo prefiere recién hecho y calientito. También está muy rico a temperatura de ambiente.

5 libras de yuca
agua salada para cubrir
1 taza de aceite de oliva extra virgen
4 a 5 dientes de ajo grandes, pelados y picados en rebanadas horizontales
3 cebollas grandes, en ruedas finas
2 cucharaditas de pimienta negra en semilla
2 hojas de laurel
1 cucharada de vinagre
1 pimiento rojo, asado y picado (puede ser el pimiento que viene envasado)

Cocer la yuca en agua hirviente unos 30 minutos o hasta que esté tierna. Escurrir. Cortar en rebanadas de 1 ½ pulgada de grosor. Colocar en un platón a prueba de calor.

Poner una sartén al fuego y calentar el aceite. Dorar el ajo y agregar la cebolla, los granos de pimienta y las hojas de laurel. Cuando las cebollas empiecen a ponerse transparentes, agregar el vinagre. Añadir el pimiento y cuando éste se caliente, retirar la sartén del fuego.

Verter la salsa sobre la yuca. Se sirve fría o a temperatura de ambiente.

Esta receta es suficiente para 8 personas.

Estela Herrera

Estela Herrera es de Mendoza, Argentina. Desde 1968 vive en los Estados Unidos, donde es profesora y periodista. En 1991 recibió el National Association of Hispanic Publications Award for Outstanding Editorial Column. Actualmente enseña en la Universidad de California, Los Angeles, y está escribiendo su primera novela.

AZABACHE

A MEDIADOS DE NOVIEMBRE, el calor era implacable. En Luján de Cuyo, un pequeño pueblo del oeste argentino, el aroma de melones y duraznos ya impregnaba dulcemente el verano como preludio a las delicias navideñas. En un mes más, las cerezas, los damascos y las primeras manzanas de las huertas vecinas, se mezclarían alegremente con piñas y bananas, esas codiciadas extranjeras, en coloridas confecciones. Las mujeres pasarían días en la cocina pelando, picando, cocinando, y horneando tartas y pasteles.

El aire esataba repleto de ilusiones y expectativas por la promesa de sabrosos platos y el reencuentro con gente muy querida.

Una mañana, Papá salió muy temprano y cuando pregunté por qué no me había llevado, me hicieron callar con la noticia de que Papá iba a traer una gran sorpresa. En efecto, lo fue.

Vivíamos al fin del pueblo, entre el asfalto y los viñas. Desde nuestra casa se veía la verde infinitud de los surcos, que cada otoño tornaba en paños rojos

y amarillos, y en el trasfondo, el azul sempiterno de las montañas. Los Andes, tan azules y amenazadores. Abundaban historias de los que se toparon con la muerte en la nieve de un pico o en el fondo de un abismo. Ni árboles ni viñas crecían en la aridez de sus faldas.

Ese día Papá había ido a las montañas para ver a uno de esos seres que por deseperada pobreza, o, según Tiíta, por incurable atrevimiento, se buscaban la vida entre los pastos ralos y la jarilla del monte, lo poco y nada que la montaña ofrece. Ya era tarde cuando Papá volvió. Estaba cubierto de polvo y traía en los brazos una pequeña criatura, negra y temblorsa.

—Es un chivito, nena. ¿Te gusta?

¡Lo quise desde el primer momento! Esa noche casi no dormí, llena de ilusiones con mi nuevo "pariente" y pensando en todo lo que ibamos a hacer juntos. A la mañana siguiente, anuncié mis planes mientras desayunábamos. Le iba a dar de comer dos veces al día y lo llevaría de paseo a los viñedos. Por la noche, se quedaría en casa con nosotros para que la oscuridad no lo asustara.

—¡Tonterías!—dijo Papá. Sobre todo lo de tenerlo en casa. Ni hablar. El chivito viviría en su corralito de alambre en el patio trasero y yo no tendría nada que ver con él.

Pronto violé las reglas. Cuando los mayores no me vigilaban, le daba de comer. Por las tardes, cuando la casa se rendía al pesado estupor de la siesta y la quietud reinaba por dos o tres horas, lo llevaba a las viñas y le señalaba las hierbas tiernas y las hojitas de trébol que la tierra derrochaba de puro fértil. Le susurraba cariñosamente: —Mucho mejor esto que la jarilla del monte, ¿no te parece? Pues ya nunca más vas a tener que comer espinas. Te quedarás aquí conmigo. Para siempre. Mi pobre chivito.

Con el tiempo, las copiosas sobras de comida en el corralito vendieron mi secreto a los mayores, los cuales no se enfadaron mucho. De hecho, comenzaron a tolerar mi obstinación y hasta les hacía gracia. Me sentí libre de hablar de mi nuevo amiguito. Pasé días devanándome los sesos buscándole el nombre perfecto. Alguien me sugirió "Azabache." Quedé extasiada. Era muy pequeña entonces y capaz de maravillarme por lo que luego me parecería pedestre o cursi. El nombre me pareció sumamente original y apropiado.

LA VIDA CON AZABACHE era pura felicidad. Cualquier cosa me colmaba de placer: la forma de mirarme con sus ojazos, su torpe caminar por los desparejos lindes del pueblo, sus brincos y jugueteos de niño alegre. Yo vivía con y para Azabache.

A mediados de diciembre, Azabache había crecido bastante mientras que la gracia que mi obsesión les había causado a los mayores se redujo bruscamente. Los preparativos navideños comenzaron a todo tren y la casa se volvió un nervioso y rápido alboroto de faldas que entraban y salían, limpiando, puliendo, comprando y planeando. Sacaron el pesebre de su caja y le retocaron con pintura la mano de San José. Emanaba de la cocina el aroma a vainilla y fruta abrillantada del pan dulce recién horneado. Nadie se dio cuenta cuando me robé unas cáscaras azucaradas de naranja y limón, y orgullosa de mi atrevimiento, se las ofrecí a Azabache sin esperar la soberana indiferencia con que las recibió.

Días después, empezaron a llegar las piñas y las bananas. Las colocaron en los rincones más calientes de la casa para que maduraran lo suficiente para el clericó, nuestra ensalada de frutas tradicional, al que rociaban con jugo de naranja para los niños y con champán o vermut para los mayores.

Por mi parte, me pasaba el tiempo entre el patio trasero y los viñedos y apenas si entré en la cocina. Azabache era mucho más divertido que los mayores, los cuales iban volviéndose cada día más silenciosos. Pero el hecho de que bajaran la voz o no me miraran de frente no me molestaba mucho. Yo ya sabía algo de la arbitrariedad de los adultos, que solían cambiar las reglas ya sea por razones ocultas o sin razón alguna. Dios sabría por qué andaban tan raros entonces. ¿Estaría enojado Papá? ¿Habría demasiado que hacer? Por cierto, Mamá y las otras mujeres se atareaban en la cocina. Entre los pastelitos de membrillo, el desplume de pollos y el relleno de los matambres, no había tiempo para mis tonterías.

Quedaban todavía por preparar las empanadas de carne y los diminutos sandwiches de miga, esas húmedas torres de *pain de mie*, jamón, queso, pimientos morrones y lechuguitas.

La noche del 23 de diciembre me acosté feliz, sabiendo que mis primas Irma, Amanda y María Luisa vendrían la mañana siguiente. Llevaríamos a Azabache a dar un paseo y, al atardecer, cuando el calor mermara, ayudaríamos a poner las mesas en el jardín. Nos hartaríamos de cosas deliciosas y jugaríamos hasta altas horas de la noche. Mientras contábamos luciérnagas, gritando para poder oírnos sobre el coro ensordecedor de los grillos, hablaríamos de los regalos que los Reyes Magos nos iban a traer el 6 de enero. Mamá y las tías culparían la gritería al alcohol de la sidra y a la largueza de mi padre que siempre nos la ofrecía a cuentagotas.

Dormía todavía profundamente cuando, de pronto, me despertó el chillido más prolongado y horroroso que jamás había oído. Venía del patio trasero, atravesando la luz del amanecer y clavándome un cuchillo en el corazón. En ese momento interminable, sólo existía ese grito y mi angustia. Comprendí de golpe lo que había pasado. Entendí el silencio de los últimos días y la fingida indiferencia de las mujeres. Me levanté y corrí hacia la puerta. Ahogada por el grito que tenía atascado en la garganta y tropezando en los terrones húmedos del campo, salí corriendo desesperadamente rumbo a los viñedos y al azul de Los Andes, donde Azabache nunca más podría regresar.

Fue la primera y última vez que el chivo asado, una especialidad navideña regional, se preparó en mi casa.

LLEGARON YA LOS REYES

Una canción folklórica argentina

Llegaron ya los Reyes eran tres:
Melchor, Gaspar y el negro Baltazar.
Arrope y miel le llevarán,
un poncho blanco de alpaca real.

El niño Dios muy bien lo agradeció,
comió la miel y el poncho lo abrigó.
Y fue después que sonrió
y a media noche el sol relumbró.

Matambre

ARGENTINA

Como sabíamos que Estela Herrera es una gran cocinera, le rogamos que nos diera la receta para el matambre que menciona en su cuento.

LA CARNE ESCABECHADA

2 bistécs tipo falda de res (de 2 libros), cortados estilo butterfly
1 cucharadita de ajo, bien picadito
1 cucharadita de tomillo seco
3/4 taza de vinagre de vino tinto de buena calidad

EL RELLENO

1 libra de espinaca fresca o de acelga
agua para blanquear
2 cucharadas de aceite de oliva
2 cebollas medianas, cortadas en ruedas muy finas
8 a 10 zanahorias medianas, peladas y cocidas al dente
4 huevos grandes, cocidos y cortados en cuatro
1/4 taza de perejil bien picado
1 cucharadita de chile rojo seco, desmenuzado
1 cucharadita de sal gruesa

Escabechar la carne un día por adelantado: Recortar la grasa y el cartílago de la carne. Colocar uno de los bistécs, con la parte cortada hacia arriba, en un recipiente de cristal con dimensiones de 12 por 18 pulgadas. Rociarlo con la mitad del vinagre y echarle la mitad del ajo y del tomillo. Colocar el otro bistéc encima y repetir el proceso. Cubrir bien y dejar en la nevera toda la noche para que se adobe bien.

PARA COCINAR EL ROLLO

1 cuartillo de caldo de carne de res (casero), y agua para cubrir

pesas de cocina de 20 a 30 libras

Precalentar el horno a 375 grados. Lavar y cortarle los tallos a la espinaca (o acelgas) y blanquear las hojas.

En una sartén pequeña, calentar el aceite y saltear la cebolla hasta que quede transparente (unos 10 minutos).

Colocar los bistécs en una tabla con la parte sazonada boca arriba y con las puntas de solapa unas 2 pulgadas. Machacar las dos puntas para sellarlas bien. Dispersar las hojas de espinaca, luego las zanahorias, los pedazos de huevo y la cebolla. Espolvorear la superficie con perejil, chile y sal.

Enrollar los bistécs con cuidado en la dirección de la fibra hasta que se forme un cilindro grueso. Con tres yardas de hilo de cocina, atar una de las puntas del rollo. Hacer un nudo. Agarrando el hilo en un lazo justamente al lado del nudo, pasar el resto del hilo por el lazo y seguir enrollándolo alrededor del rollo. Hay que mantener el hilo y las ataduras firmes. Repetir hasta que todo el rollo esté atado. Debe haber como una pulgada entre cada lazo. Al terminar, pasar el hilo que ha sobrado por debajo del rollo y atar con el primer lazo de la otra punta.

Colocar el rollo de carne en una cacerola o en un recipiente de asar. El rollo debe caber ajustadamente, sin que quede mucho espacio por los lados ni que esté muy apretado. Verter el caldo por encima, y si hace falta, añadir agua hasta que se cubra de todo el rollo. Cubrir el recipiente y hornear por una hora. Sacar el rollo del recipiente, poner en una fuente o platón y colocarle las pesas encima. Dejarlo unas 5 horas, hasta que se escapen los jugos. Ponerlo en la nevera y servirlo frío y cortado en rebanadas finitas, de aperitivo o primer plato, acompañado de ensalada.

Esta receta es suficiente para 10 o 12 raciones.

Gary Soto

Gary Soto es de Fresno, California. Es autor de 27 libros, algunos para jóvenes. Entre ellos están: Baseball in April *(Harcourt Brace),* Living Up the Street *(Dell),* Too Many Tamales *y* Chato's Kitchen *(ambos de la editorial G. Putnam). Vive con su familia en Berkeley, California.*

LAS NARANJAS Y EL PERRO DE NAVIDAD

PARA LOS NIÑOS, la Navidad significa regalos. A los diez años, con la ropa vieja y descuidada que llevaba y los zapatos de payaso que me quedaban demasiado grandes, en fin, con mi aspecto de pobre, yo también me moría de ganas que me tocara algo, cualquier cosa, aunque fueran las naranjas y las plumas que la madre de mi padrastro insistía en regalarnos. Mis hermanos y yo hubiéramos podido saltar la cerca que separaba nuestra casa de la de los vecinos para coger unas naranjas de su árbol. Pero me di cuenta que no debería poner mala cara cuando me hacían un regalo inesperado. Sobre todo porque mi padrastro—borracho y recostado en su sillón, cabeceando sobre una bandeja de esas para comer frente al televisor, con unos retratos de los presidentes de los Estados Unidos—me hubiera gritado que era un malagradecido.

Los niños esperan regalos, y si vienen acompañados del Niño Jesús, pues

mejor. Cuando estaba en el cuarto grado en la escuela primaria católica de St. John's, me preocupaba mucho la situación de los pobres y los niños hambrientos de Biafra que salían en los periódicos en esa época. Yo quería que se apurara y ya naciera el Niño Jesús, envuelto en unos trapitos, adorado, celebrado y cantado . . . en fin, todo eso. Pero entonces—y siento mucho tener que revelar esto—sólo me importaban que me dieran los regalos. ¡Y nada más! Ese año estropeé todas las ilusiones navideñas, abriendo pequeños agujeros en la envoltura de mis tres regalos, examinándolo todo, como un cirujano examina las tripas de un pobre diablo. Yo iba hurgando y rasgando el papel brillante. En una caja había un rompecabezas, en otra un suéter y en la tercera un rifle. Pero en seguida me di cuenta que el rifle no era como los más caros, los que les regalaban a los niños ricos. No se podía mover el cerrojo que controlaba el disparador. El mío era sencillamanete un palo de plástico para apuntarle a mi vecino Johnny, o a mi hermanito Jimmy, o a mi propia cabeza, chisporreteando un triste "¡Tutututututu! ¡Muerto!"

Mi hermano mayor, Ricky, estaba afuera, matando tiempo hasta las Navidades. Sólo faltaban dos días, dos días que pasarían con el ritmo de las lentas gotas de un grifo. Algo tenía que hacer Ricky para no pensar en los regalos.

—Pues yo ya sé lo que me van a regalar—le dije, acercándome a él pisando el césped, que estaba crujiente por la escarcha.

En Fresno, una ciudad amortajada en brumas, había un barrio de casas antiguas. Parecía abandonado y medio espectral. Sólo los niños o la gente muy tonta se atreverían a meterse en ese sitio escalofriante. ¿Pues quién sabe? Igual éramos niños o tontos.

—Miraste, ¿no? —Estaba comiendo las naranjas de los vecinos—. ¡Idiota! Sabía que yo mismo había estropeado la única posibilidad de alegría que me esperaba. Ahora tendría que esperar un año entero, hasta las próximas Navidades, antes de que esas ansias agobiantes de averiguar me poseyeran otra vez.

—Me han regalado un rifle—balbuceé.

—Yo lo elegí—dijo Rick.

—¡Mientes!

—Es un rifle verde—Se metió el último gajo de naranja en la boca.

Entonces pensé que quizás ese hermano mío mezquino sí había escogido el rifle barato a propósito, para que luego Mamá pudiera comprarle mejores regalos a él. Estaba enfurecido. El aliento me salía en puñetazos. Pero antes que pudiera yo transformar mi cólera en violencia, el perro del vecino, penosamente malnutrido y de raza indefinida, se nos acercó. Tenía el pelo como una alfombra sucia que había estado años atrapada debajo de una silla. Estaba sin el collar y ni siquiera se oía el repiquete de las chapas de identificación, como si estuviera desnudo. Al pobre se le marcaban las costillas.

—Mira esto—dijo Rick, sacando una naranja del bolsillo de la chaqueta. La peló y le metió un gajo en la boca al perro.

—Le gustan —dijo.

El perro cerró la boca, pero no se puso a masticar . . . parece que lo estaba saboreando sin mover la mandíbula. Por fin empezó a masticar y unas gotas de jugo se le salían por las comisuras de la boca.

Pobre perro, pensé. Se notaba que estaba hambriento. Le cogí la naranja a Rick, la desgajé y le ofrecí otro gajo al perro. Dio un paso en el césped congelado. ¿Tendría frío sin zapatos? Una vez yo había caminado descalzo de la casa al carro para coger un cómic que se me había olvidado. Me acuerdo de cuánto dolieron aquellos treinta pasos. No me imaginaba cómo sería caminar por la escarcha descalzo todo el invierno.

Rick se fue. El perro levantó la cabeza y me miró con esos ojos acuosos. Un gemido se le desprendió de la cueva de los pulmones.

—No te vayas—le dije al perro. Entré corriendo a la casa y abrí la nevera. ¿No era una emergencia un perro famélico? Abrí un cajón me fijé en un embutido, el valioso almuerzo de mi padrastro. Con mucho cuidado, cogí una rebanada, la puse en un trozo de pan y la cubrí con otro trozo. Pero me di cuenta que el sandwich no pesaba nada, que no era suficiente para llenarle la barriga a un perro hambriento. Seguí investigando la nevera. Encontré un pedazo de queso amarillo duro. Desmenucé el queso sobre el sandwich. Pensé en coronarlo con mayonesa, pero cambié de idea y salí corriendo.

—Oye—grité. El perro se había echado a caminar calle arriba. Volvió la cabeza despacio, luego el cuerpo, y se sentó con las patas juntas. Corrí hacia él apresuradamente.

—Tienes que comer—le dije. Le acerqué el sandwich bruscamente a la boca. La nariz, negra como el petróleo pero seca como una hoja, empezó a husmear con entusiasmo. Olió un poco y dio un pequeño mordisco. Me imaginé que estaba tan hambriento, tan cansado, que lo comería muy despacito, mordisco por mordisco.

—Ya verás lo bien que vas a estar—le dije, acariciándole el pelo enmarañado y seco. Terminó el sandwich, y volví a casa para traerle leche. La leche sería ideal para acompañar un sandwich, ¿no? Tardé un poco porque buscaba algo que no fuera un plato de los nuestros. Mamá pondría el grito en el cielo si se llegara a enterar que le estaba dando de comer a un perro en nuestros platos. Por fin encontré una lata vacía y la llené de leche hasta que rebosaba. Tuve que caminar despacito, un paso cuidadoso tras otro. Las hojas de la hierba cubiertas de escarcha crujían como si fuera huesos.

—¿Dónde estás? —grité. Se había alejado y ya estaba frente a la casa de la señora Prince—. Te gusta la leche, ¿no? —le dije al acercarme.

El perro no contestó. Parece que el sandwich no le había hecho efecto, no parecía que estuviera más animado que antes. Tampoco mostraba alivio al darse cuenta que alguien se preocupaba por él. Pensé que quizás me vería como su salvador. ¿No se estaba acercando la Navidad? Seguía mirándome con esos ojos acuosos, su tristeza tan antigua como el Nilo.

Le metí la lata debajo de las narices. Husmeó. Eché la leche en la mano, que puse en forma de cuenco, y mi nuevo amigo se puso a beber y saciar la sed hasta que los morros casi se le habían ahogado en la leche.

—Está buena, ¿no?

El perro se volvió la cara; ya había terminado conmigo. Ya no le interesaba. Había comido pero no se había satisfecho, todavía tenía la cola tan muerta como el cordón de un zapato viejo. Puse la lata en el bordillo de la calle, con la intención de recogerla más tarde. Entonces oí un toque que venía de la ventana de la señora Prince. Había apartado las cortinas y me señalaba con un gesto de desaprobación. La saludé y recogí la lata. Corrí detrás del perro, que andaba a medio galope como un burro, con el clip-clop despacio de los cascos.

Nos detuvimos en la esquina de Angus y Thomas. Las calles estaban muertas, impregnadas del frío metálico y gris de la tarde. Ese día no saldría el sol.

—¿Adónde quieres ir? —pregunté.

El perro miraba directamente al otro lado de la calle. Entonces, como un *zombie*, la cruzó. Lo seguí, insistiendo: —¿Adónde vas? ¿Eh? ¡Te vas a perder!

Me recordé que en un programa de televisión de esos sobre la naturaleza—¿sería "Wild Kingdom"?—que un elefante enfermo dejaba la manada cuando sabía que se estaba muriendo. Tenía miedo. ¿Estaba este perro marcando los pasos desde nuestra calle al lugar donde terminaría, recostado y patas arriba, donde por fin se moriría?

—¿No estarás enfermo?

Lo alcancé y lo detuve, abrazándolo por el cuello, que estaba tibio como una manta de invierno. Lo miré fijamente a los ojos. Se me aparecía la cara en el espejo de los globos mojados de los ojos. Esto me asustó aun más. De pronto yo era parte de la vida de este perro, un retrato en las ventanas de su alma. Yo sabía que los animales no tenían almas, o por lo menos así decían las monjas, pero yo sí veía, aunque sólo por un instante, que mi presencia significaba algo para él. Empezó a menear el rabo.

Le froté la espalda, calentándolo con la fricción. Le di una palmadita y le acaricié la cabeza, achinándole los ojos. Dos lágrimas más borraron la imagen de mi cara en sus ojos.

—Anda, vamos a volver a casa.

Si yo fuera mezquino, hubiera condenado a los malditos dueños del perro, una familia que de pronto apareció un día a alquilar aquella casa. Vivían a dos casas de la nuestra, y nuestros padres ya nos habían advertido que no nos acercáramos a esos niños enclenques y enfermizos. Mi madre pensaba que tenían tuberculosis.

—Anda, ven—le rogué al perro—. Vamos a volver. Te doy otro sandwich.

Lo cogí y y lo empujé poco a poco hacia nuestra calle, que casi se había desaparecido en las brumas. No reconocí nada de lo que vi. Parecía otro pueblo, otra gente, otros carros, y si el viento hubiera abierto las puertas, habrían salido otros niños que no conocería.

Caminé al lado del perro, cuyos pasos se habían acelerado, como si tuviera prisa. Si hubiera sido una persona, habría mirado el reloj. Se echó a correr, no demasiado rápidamente, pero sí lo suficiente para que yo dejara caer la lata y me echara a trotar. No me preocupaba tirar basura en la calle.

—¡Te vas a perder!

El perro cruzó los céspedes y las calles un poco a lo loco, sin hacerle caso a los carros que pasaban con esas siniestras luces, brincando por las calles cubiertas de hojas secas. Iba amainando el paso, pero luego se puso a trotar por el césped de una casa y se subió al porche. No me atreví a subir las escaleras. Mi madre siempre me advertía que no me metiera en los patios de los vecinos.

pero no le hacía ningún caso, sin embargo aquí, en este lugar desconocido, me quedé en la acera. Tenía la nariz roja y estaba dando saltos del frío.

—Ven, anda—le susurré al perro.

Se quedó ahí sentado un momento, bajó las escaleras y se fue acercando al patio trasero. Parece que había encontrado su sitio, como si fuera la mascota de la familia y no un vagabundo.

—¡No! ¡No te metas allá! —le grité.

El perro no miró hacia atrás. Me pareció que estaba camino a la fosa, para acostarse, envuelto en brumas. Y cuando el cielo se despejara, ya no estaría. Me quedé inmóvil, sin saber qué hacer. El agua goteaba de las ramas de un gigantesco sicomoro. El frío me entró por los huesos. Me froté las manos para entrar en calor, esperando que reapareciera el perro. Me recordé que una vez de niño, cuando estaba en el segundo grado, le había preguntado a mi mamá si sería posible que un día me convirtiera en santo. Acababa de regresar de aquel colegio católico, y más que nada quería alcanzar el estado de gracia por preocuparme por los pobres, que había muchos. No recuerdo la respuesta de mi madre.

Empecé a reflexionar. Me di cuenta que ésta era la oportunidad ideal para acercarme a la santidad. Caminaría al lado del perro, acompañándolo hacia la muerte. Creo que estuve esperando en la calle, congelado, por lo menos dos horas. Por fin me acerqué al patio susurrando, —Anda, ven conmigo, ven.

Miré hacia arriba, a las ventanas de la casa. En cualquier momento saldría un hombre enorme gritándome que me fuera. Tendría un revólver o un palo para darme una paliza que me convenciera. Fue en ese momento que me di cuenta de que se había desaparecido el perro, y que yo no me había convertido en un santo, ya que estaba listo para rendirme tan pronto. Me sentí avergonzado, luego enfadado. Cuando regresé a mi casa, el perro estaba en el porche de la suya. Había atravesado el patio de atrás y me había dejado ahí plantado en el frío.

—Eres malo—le dije, riñéndolo. Ni siquiera me reconocía. Estaba tirado en la basura, entre cáscaras de naranjas y periódicos viejos. Uno de los niños flacuchos salió. Tenía la piel casi transparente y los ojos hundidos.

—Deja a mi perro tranquilo—me dijo.

Pues eso hice. Regresé a casa, tieso del frío. Me puse al lado del calentador para que se me quitara el frío. Sin darme cuenta, entré en la cocina. Eran las cuatro y media de la tarde, y ya estaba oscuro. Por la ventana se veían algunas luces anaranjadas de las entradas de las otras casas. La oscuridad descendió. Pronto llegó Mamá del trabajo, y luego mi padrastro, que se recostó en su sillón. El televisor reflejaba colores en las paredes. Después de la cena, Pearl apareció con regalitos —plumas y naranjas. Todavía faltaban dos días para Navidad, pero nos permitieron abrir un regalo a cada uno. Pearl nos observaba con cariño, sonriente, con la cara muy maquillada, con la esperanza de que escogiéramos el que nos había regalado ella. Y así fue. Rompí la envoltura, que estaba muy descuidada, y le sonreí. ¿No era la Navidad? ¿No era el momento para estar agradecido como un perro? Hundí las uñas en la cáscara de las naranjas. El rocío y el aroma que se desprendían cristalizaron ese momento, ese momento cuando me di cuenta que yo no era un santo. Me metí no un gajo, sino cinco, en la boca. Mastiqué, removí la jugosa pulpa y tragué, para que viera Pearl, una mujer tan alegre, lo agradecido que estaba. Esperó que tragara y que otra vez le dijera, —Gracias, Pearl, estas naranjas están muy, muy buenas.

Ensalada de naranja y cilantro

Esta ensalada ofrece un contraste refrescante a los platos picantes de nuestro menú.

10 naranjas medianas, peladas, desgajadas y cortadas en pedazos
1 cebolla roja mediana, cortada en ruedas muy finitas
½ taza de cilantro fresco, picado

EL ADEREZO

jugo de una lima
2 cucharadas de aceite de oliva
1 cucharadita de miel
sal

Mezclar la naranja, la cebolla y el cilantro en una ensaladera. Batir los ingredientes del aderezo, verter sobre la ensalada y remover bien.

Esta receta es suficiente para 8 personas.

Ensalada de jícama, granada y berros

MÉXICO/CALIFORNIA

En México, hay muchas recetas para ensaladas navideñas, pero encanta preparar ésta porque el verde oscuro de los berros y el rojo brillante de las semillas de la granada hacen eco del colorido tradicional de las fiestas. La jícama da un toque crujiente y refrescante. El pico de gallo es un condimento mexicano que se puede conseguir en la sección internacional de muchos supermercados. Este condimento rojizo y picante se combina muy bien con una variedad de alimentos: desde el mango al maíz en la mazorca. En México, los puestecitos de comida venden frutas, jícama y maíz asado con pico de gallo. ¡Pero ten cuidado! ¡Puede ser muy picante!

- *el jugo de una lima*
- *3 tazas de jícama picada estilo* julienne
- *1/4 cucharadita (a discreción) de pico de gallo o chile en polvo*
- *2 manojos de berros*
- *aceite de oliva*
- *2/3 taza de semillas de granada (aproximadamente 1/2 granada mediana)*

Poner la jícama picada en un recipiente y añadir el jugo de lima y el pico de gallo. Remover bien. En otro recipiente, aliñar los berros con el aceite de oliva.

Colocar los berros aliñados en una fuente y amontonar la jícama en el medio. Sobre la fuente, empezar a extraer las semillas de la granada con una cuchara. Dejar que se vayan cayendo en montoncitos sobre la ensalada y que el jugo se vierta.

Esta receta es suficiente para 8 raciones.

Esmeralda Santiago

Esmeralda Santiago es la autora de dos libros de memorias, Cuando era puertorriqueña, *y la secuela,* Almost a Woman. *También es autor de la novela* El sueño de América. *Vive en Westchester County, Nueva York.*

UNA MUÑECA COMO LA DE JENNY

Yo TENÍA OCHO AÑOS Y quería una muñeca como la de mi prima Jenny. Era como un bebé de piel rosadita y ojos azules con pestañas largas que se cerraban cuando la poníamos a dormir en la cuna. No tenía pelo, pero en la cabeza tenía grabadasle unas ondas color castaño que terminaban en un rizo en la frente. La muñeca era del tamaño de un bebé de verdad, y hasta tenía las piernas y los brazos regordetes y como abiertos al abrazo. Los deditos separados dejaban ver unas manos gorditas y llenas de arrugas. Me encantaba su olor a goma dulce, su cuerpo redondo y el ombliguito perfecto escondido entre los pliegues de la barriga. Por supuesto que no tenía pipi, pero sí tenía un agujerito, justamente al final de la línea que definia sus nalguitas, pequeñas y planas.

Ya se acercaban las Navidades. Me daba cuenta por las canciones que se oían por radio, unas pidiendo el traguito pa' encontar y otras lamentando los desengaños amorosos que presagiaban una triste Navidad. También había otras canciones, las de las parrandas que iban de casa en casa cantando a

cambio de unos cantitos de lechón, o de un pastel envuelto en hojas de plátano o de un palito de ron cañita.

Los vecinos adornaban los arbustos de amapola y gardenia con cintas de crepé rojo, colgaban copos de nieve tejidos de los aleros del techo de cinc y llenaban el balcón de flores de pascua rojo flamante. De las cocinas escapaban aromas navideños—jengibre y clavo, canela y coco, orégano, romero y ajo. Humo grisáceo y denso ondulaba sobre los patios, donde se asaban lechones, el cuerpo crujiendo y chisporroteando al son del güiro, del cuatro y de los aguinaldos que celebraban el nacimiento de Jesús.

Nochebuena era la fiesta de los mayores, mientras que el Día de Reyes era para los niños. Esa mañana al despertarnos, encontraríamos los regalos que nos habían traído los tres Reyes Magos después de un larguísimo viaje en camello. Papi me ayudó a escribirles una carta. Me pasé varios días escribiendo, corrigiendo y reescribiendo con mucho esfuerzo hasta que me quedó clara y sin errores: "Queridos Reyes: Me he portado muy bien este año. Si no me creen, pueden preguntarles a Mami y a Papi si es verdad o no. Quiero que me traigan una muñeca como la de mi prima Jenny, una muñeca que sea como una bebé de verdad, con ojos azules que se cierren para dormir. Espero que les haya gustado el agua que les dejé a ustedes y la hierba para los camellos. Buen viaje. Cordialmente, Esmeralda (Negi)".

Papi me dio una hoja de ese papel especial que usaba para escribir cartas y poemas y también me prestó su pluma para la versión final. Ahora sí que no podía cometer errores, porque la tinta no se podía borrar. Mi hermanita Delsa me pidió que le escribiera una carta a los Reyes de su parte.

—Pídeles una muñequita como la que tiene Jenny.

—Pero eso es lo mismo que quiero yo—le dije.

—Pues que nos traigan una a cada una y así pueden ser hermanas.

Pero yo no quería que Delsa tuviera una muñeca como la mía. Entonces, en su carta escribí: "Queridos Reyes: Me he portado muy bien este año. Quiero que me traigan una muñeca, pero que no sea igual que la de Negi, así no nos confundimos. Cordialmente, Delsa Santiago". No le pedí a Papi que la corrigiera, y la escribí en una hoja de papel de cuaderno. Cuando se quejó Delsa, le expliqué que si la carta quedaba perfecta, los Reyes se darían cuenta de que no la escribió ella, ya que sabían que sólo tenía seis años y que no escribía muy bien.

Los días entre Nochebuena y Reyes me parecieron los más largos del año. Justo entremedio, recibimos el Año Nuevo con matracas y canciones que celebran la esperanza y la ilusión de tiempos mejores en vez de la soledad y el amor perdido. Mami y Papi nos dieron bolsitas llenas de nueces y pasas y nos permitieron probar unos sorbitos del coquito que siempre hacía Mami. El coquito era dulce, y si bebíamos un poquito más a escondidas nos mareaba.

La noche de la víspera de Reyes, mis hermanos y yo salimos a buscar la hierba más fresca y tierna para dejárselas a los camellos en nuestros zapatos. Luego los acomodamos debajo de la cama, con las puntas asomando para que los pudieran ver los Reyes. Lavamos unas latas vacías de salsa de tomate y las llenamos de agua y las pusimos en fila al lado de la puerta. Puse mi carta apoyada en una lata y la de Delsa en otra. Los niños más pequeños se quejaron de que yo tenía ventaja porque yo sabía escribir y ellos no, pero Mami los convenció de que los Reyes sabrían lo que queríamos todos, incluso sin carta.

Me desperté en la oscuridad. Dos sombras cargando paquetes se movían por el cuarto. Cerré los ojos enseguida. —"Deben ser dos de los Reyes," pensé. "El otro se quedó afuera con los camellos." Me volví a quedar dormida y cuando desperté ya era de día y tenía a Delsa chillándome al oída: —Mira Negi, mira. ¡Me regalaron una muñeca como la de Jenny!

Me levanté corriendo, miré a ver lo que había debajo de la cama y encontré una caja plana y rectangular junto a mis zapatos. No parecía una caja para una muñeca, era demasiado estrecha. La abrí y encontré una pintura a colores brillantes de un hipódromo dividido en cuadros con unos caballos tiesos puestos en diferentes posiciones. Papi se dio cuenta de que mi gran desilución, y me preguntó si no me gustaba el regalo. Se veía preocupado. Entonces, entró Mami y me miró con tristeza.

—Es que yo quería una muñeca como esa —me lamenté. Le arrebaté la muñeca de los manos a Delsa, ella me la arrebató a mí y se echó a correr.

Mami y Papi se miraron. Mami se arrodilló y me dio un abrazo.

—Ya eres grandecita. El juego es para niñas grandes. Las muñecas son para las nenas chiquitas.

—Pero yo quería una muñeca —sollozaba. Mami miró a Papi. Papi me cogió de la mano y salimos al patio. Delsa se quedó desabrochándole el vestidito a la muñeca, su pálida piel rosado, reluciente bajo los dedos morenitos de mi hermana.

—Lo siento, mi'ja. Perdóname —dijo Papi —Es que no teníamos dinero para comprar dos muñecas, y como Delsa es más chiquita . . .

—¿Qué?

—Para tu cumpleaños te compramos la muñeca. ¿Esta bien?

—Pero ¿que pasó con los Reyes?

Papi me miró, sorprendido, con la boca abierto en O. Lo siento volvió a decir y me abrazó.

Han pasado cuarenta años. Hoy, mientras me preparo para mis Navidades americanas, recuerdo todavía ese abrazo de Papi y la suave y húmeda piel de su mejilla recién afeitada. Ahora soy yo la que anda por las tiendas de juguetes, buscando la muñeca perfecta para mi hija. A ella no le gustan las muñecas, pero yo insisto porque sé que toda niña quiere una. Y sé también que esta niña, la que escribe este relato, todavía quiere una.

Arroz con coco

PUERTO RICO

Cuando Ramona Santiago (la madre de Esmeralda) prepara este postre (que también se conoce como "arroz con dulce") deja unas ramas de canela y unos clavos de la infusión de especias en el arroz. Los que tenemos la suerte de encontrar un pedacito de canela o de clavo prolongamos los placeres de la navidad saboreando las especias.

INFUSIÓN DE ESPECIAS

1 pedacito de jengibre de 1 pulgada, cortado en dos
4 ramas de canela
15 clavos enteros
4 tazas de agua
1 taza de arroz de grano corto
agua para cubrir el arroz

3 tazas de leche de coco (la natural sin endulzar)
1 taza de azúcar blanco
½ taza de pasas (sin semilla)
canela en polvo
1 taza de coco rallado (el natural sin endulzar)

Combinar los cuatro primeros ingredientes en una olla. Dejar que hierva, entonces bajar el fuego y cocer a fuego lento por 30 minutos. Sacar los pedacitos de jengibre, la canela y los clavos.

Remojar el arroz, cubriéndolo de agua, unos 30 minutos. Escurrir y poner en una cacerola con la infusión. Cocer tapado y a fuego lento 10 minutos.

Agregar la leche de coco y el azúcar. Cocer a fuego lento 10 minutos más, revolviéndolo a cada rato. Agregar las pasas y cocer 10 minutos más; seguir revolviendo. Agregar el coco rallado y cocer 5 minutos más.

Verter la mezcla en un molde rectangular de cristal (9 × 13 pulgadas). Dejar enfriar. Espolvorear con canela molida y poner el molde en la nevera. Servir frío.

La receta es para 12.

Judy Vásquez

Descubrimos este poema de Judy Vásquez en un número especial navideño del boletín informativo El Boricua. *El poema recuerda como la tradición de preparar pasteles se va heredando generación tras generación. El título se refiere a los jíbaros, los campesinos que han pasado a ser el símbolo de la cultura puerto-rriqueña. Este poema autobiográfica no recuerda que deberíamos agradecer los pequeños milagros de la vida, como ver nieve en El Paso, la ciudad donde vive la escritora.*

Judy Vásquez es poeta, escritora y directora de Kikiriki, un grupo de danza folklórico puertorriqueña.

JÍBARISMOS

Anoche
envolviendo pasteles
mi hija me preguntó
—Mami, ¿Por qué tenemos que
hacer esto?
Es mucho trabajo
—Para mantener viva la cultura—le
contesté
—Para sembrarla, rociarla y dejar
que se arraigue
profunda
como me enseñaron
Mami y Abuela
Siempre en Nochebuena
envolviéndola en hojas de plátano
como envolvían los pasteles

Esa noche
dos ollas de masa y relleno
durmieron en el porche

No cabían en la nevera
Me levanté tres veces
preocupada
¿Y si se dañan?

¡Olvídate!
La naturaleza también tiene su tarea
La naturaleza protege al jibarito
Hasta aquí, en El Paso
Cuida al jibarito
para que esté bien, para que esté
 bien rociado

Por la noche
llegó una manta de nieve
Por la mañana
protegía las ollas de masa y relleno

Esta noche
un humo verde y fresco empaña el
 cristal
Granitos de achiote
estallan
al ritmo de Tito Puente
y los pasteles bailan en la olla

Gioconda Belli

Gioconda Belli es una escritora nicaragüense que vive en los Estados Unidos. Es autora de tres novelas y cinco poemarios. Su obra se ha traducido a once lenguas. Su novela, La mujer habitada, *se ha publicado en inglés (con el título* The Inhabited Woman*) por Warner Books, y su poemario (con el título* From Eve's Rib*) por Curbstone Press. Actualmente escribe sus memorias, que serán publicados por Alfred A. Knopf.*

UNA NAVIDAD COMO NINGUNA OTRA

NO SABRÍA DECIR a qué hora me empezó el desasosiego, pero sé que en el almacén donde compraba los juguetes para mi hija Maryam, me sentí claustrofóbica, agobiada y hasta febril. Fue por eso que acepté, sin pensarlo dos veces, la oferta de don Jorge, el dueño, de que dejara mis regalos empacando. Él se haría cargo, me dijo. Yo no tendría que hacer cola frente a la sección de empaque. El favor me pareció una bendición: Me harían unos empaques preciosos y yo me podría ir a mi casa a descansar. La cara de don Jorge se me antojó radiante y luminosa, como la de un Rey Mago oculto bajo camisa y pantalón de lino beige.

—No sabe cómo se lo agradezco —repetí no sé cuántas veces.

Salí del almacén atiborrado de compradores y respiré el aire de la calle con profundo alivio. Tenía el pecho oprimido. Noté que hacía mucho calor, un calor inusual para esa época en Managua. Por ser el fin de la estación lluviosa, diciembre aún conserva cierto frescor. Además, los vientos alisios soplan con fuerza y contribuyen a aminorar el húmedo bochorno del trópico. Pero los vientos alisios no soplaban esa tarde. Las hojas de los árboles estaban inmóviles. La gente que subía y bajaba apresurada por la avenida cargando sus paquetes, sudaba acalorada. Caminé sintiéndome extrañamente ajena a la excitación del espíritu navideño. Sólo quería llegar a mi casa y acostarme. No quería tener la obligación de sentirme feliz, ni quería oír más villancicos o sonreír con lástima al tipo disfrazado de Santa Claus que se paseaba por la acera vestido para el Polo Norte, rodeado de niños mendigos cuyos harapos y sucias caritas se reflejaban, haciendo un triste contraste, sobre las vitrinas escarchadas con nieve artificial.

Era notable la obsesión que tenía el comercio nicaragüense con la nieve, como si ésta fuera un requisito esencial de cualquier Navidad que se respetara a sí misma. Todas las vitrinas, sin excepción, estaban espolvoreadas con nieve artificial. Algunas incluso exhibían chimeneas de cartón, quizás con la esperanza de que Santa Claus se deslizara por allí, ya que no encontraría ninguna en los hogares de Nicaragua. En las tiendas más elegantes los decorados eran más elaborados, con villorrios nevados, renos jalando trineos, maniquíes de niñas vestidas con trajes de terciopelo rojo y hasta bosques de abetos.

Era la Navidad de otra cultura y otro clima, pero todos la aceptaban sin rechistar. Mientras caminaba al estacionamiento tenía la sensación de estar ajena a la celebración, angustiada por una pesadez que no sabía a qué atribuir. Quizás se debía a que no podía evadirme de la conciencia de que la Navidad era una fiesta donde la pobreza se hacía más flagrante. Era la fiesta de quienes habían conocido la nieve, en un país donde la mayoría no tenían acceso siquiera al agua potable.

Llegué a mi casa y me tiré en la cama. Mi hija vino y se me subió encima. Su cara traviesa y dulce hacía que todo esfuerzo valiera la pena. A la medianoche del día siguiente, el 24 de diciembre, su padre y yo pondríamos los juguetes al lado de su cama para que ella los viera al despertar. Imaginé su alegría cuando viera la preciosa granja roja con los animalitos diminutos. A sus cuatro años, ya disfrutaba la fantasía. Cada Navidad era más divertido verla reaccionar ante los regalos. Yo había seleccionado cuidadosamente cada uno para lograr el máximo efecto con el limitado presupuesto de que disponíamos como joven matrimonio trabajador. Cantidad antes que calidad era en esto mi filosofía. Quería que ella despertara y viera un montón de juguetes. Sabía por experiencia que mientras más grande era la caja, mayor era la ilusión infantil. Casi que podía predecir los ruiditos, gritos y gestos que acompañarían el ingreso de cada juguete a su mundo de niña. Viéndola ahora sobre la cama usando mi cuerpo para esconderse y jugar, tuve el deseo imposible de que nunca perdiera la inocencia.

Me dolía un poco la cabeza. No atinaba a entender qué me pasaba, por qué mi desazón. Aquella atmósfera opresiva, asfixiante, estaba cargada de malos presagios. Salí a tomarme una aspirina. Comenté con Alicia la doméstica, pequeña, morena y maternal, lo caluroso que estaba el día.

—No hay aire—confirmó ella. —¿Ya se fijó que no se mueve ni una hoja? Si no fuera porque estamos en diciembre, diría que va a llover.

Ciertamente que el ambiente cargado, tenso, recordaba la sensación que precede los grandes aguaceros del trópico. Pero también podría tratarse de algo peor. El corazón me dio un vuelco. No pienses eso, me dije. Era proclive a imaginar hecatombes con lujo de detalles. Una vez que algo se me metía en la cabeza, mi mente era un surtidor de visiones patéticas de gran realismo, donde yo, por supuesto, era la que quedaba sepultada en escombros, o la que se tenía que lanzar del balcón más alto del hotel en llamas. Cuando iba en avión tenía que hacer enormes esfuerzos para no proyectar en mi mente los titulares de periódico del día siguiente anunciando la catástrofe aérea, con todo y las pequeñas fotos de la fenecida tripulación inmediatamente bajo los titulares.

—Alicia, ayudame a pasar la cuna de Maryam a mi cuarto—dije, en un impulso—Está haciendo mucho calor—aclaré, justificándome. —Por lo menos que duerma con aire acondicionado.

Después de hacer el traslado, anduve arreglando cosas en la casa para ocuparme en algo y distraerme. Me arrepentí de haber dejado los paquetes en la tienda. Había sido un error. Ma hacía falta ahora el rito de empacarlos sigilosamente, escondida de la niña.

Llegó mi esposo. Cenamos. Se burló otra vez de mi idea de usar como árbol de Navidad una palmera que adorné con luces y bolas de colores. Defendí mi palmera navideña, pero tuve que admitir que la pobre se veía desgajada y mustia, inepta para sostener ningún peso en las ramas.

A las diez de la noche al inclinarme sobre la cama de Maryam para calmarle el sueño intranquilo con palmaditas en la espalda, escuché el sonido hueco, lejano de una trepidación. Era como un trueno que viniera de la tierra. Sonaba a temblor, excepto que nada se movía.

—¿Oíste eso? —pregunté a mi esposo. —Creo que fue un retumbo.

—Oí algo—dijo. —Tal vez fue un avión. No te preocupés—y siguió viendo televisión, sin inmutarse.

Me salí a la puerta para ver el cielo. Una luna llena, radiante, con un ancho halo rosado, brillaba en el horizonte. El cielo sin nubes pesaba sobre la ciudad. A lo lejos ladraban los perros. La noche lucía demasiado quieta. Antes de acostarme, dejé la llave de la casa junto a la puerta, mi bolso a la orilla de la cama. Por si acaso. Apenas habríamos dormido unas horas cuando sobrevino el terremoto: Eran las 12:28 de la mañana del 23 de diciembre de 1972.

Lo primero que recuerdo es que la sacudida me sacó catapultada de la cama, y que me vi de rodillas al lado de la cuna de mi hija, tratando de ponerme de pie y equilibrarme sostenida de los barrotes. El fluido eléctrico se había interrumpido y el mundo entero crujía, acompañado por un estruendo ronco, ensordecedor, que surgía del mismo centro de la tierra. Jamás me sentí tan cerca de los animales. El pánico que me invadía brotaba de cada célula de mi cuerpo, incitándome a correr, a ponerme a salvo, a salir de allí, de aquella habitación de paredes de concreto tan rápido como me lo permitieran mis pies.

Mi esposo apareció al lado mío y dejé que él tratara de sacar a Maryam de la cuna, pero era como estar de pie sobre el lomo de un animal furioso. Por fin, no sé cómo, mientras yo gritaba que la sacara, él logró cargarla y salimos corriendo a través de la casa en tinieblas, que se balanceaba como barco sobre el oleaje rabioso de una tierra que había perdido súbitamente su capacidad de ser el confiable punto de apoyo sobre el que transcurrían nuestras vidas. Adornos, plantas, cuadros, artefactos, caían al suelo y se quebraban estrepitosamente. Hasta las plantas colgantes se daban las unas contra las otras lanzando hojas y tierra a través del aire. Un polvo denso flotaba en la sala donde alcancé a ver mi palmera navideña y todas sus bolas estrellada contra el piso junto al televisor hecho añicos. Llegamos a la puerta y le alcancé las llaves. Alicia, embozada en una toalla, daba gritos y profería entrecortadas jaculatorias: "Dios nos ampare. María Santísima. Madre Santa. Las Tres Divinas Personas. Abra la puerta, don Mariano, abra la puerta". La puerta no se abría. Maldije la paranoia de Mariano que nos había llevado a vivir en aquella casa con rejas en todas las ventanas y hasta en el boquete del patio interior. Si la puerta no se abría, no tendríamos por donde salir. Tomé a Maryam de sus brazos, pensando que aquel temblor estaba durando demasiado y que de continuar, no quedaría piedra sobre piedra. Mariano, desesperado, forcejeaba con la puerta, y al fin, empezó a patearla como loco, hasta que, milagrosamente, tras un descomunal jalón de la manija, la puerta se abrió lo suficiente para que nos pudiéramos deslizar hacia afuera. Los vecinos ya estaban en la acera. El muro de la casa del frente cayó con un estruendo ante nuestros ojos. La gente gritó. Hombres y mujeres se agarraban, lloraban, daban vueltas para un lado u otro, sin saber qué hacer. El pavimento se movía como una serpiente negra, viva. De pronto, tan súbitamente como empezara a temblar, la tierra se aquietó. Pegada a mí, Maryam no lloraba. Veía todo soñolienta, asustada, pero sin llorar. Le expliqué como pude lo que sucedía, tratando de calmarme y de restarle drama a la situación diciendo algo así como que la tierra se estaba rascando la espalda, una cosa de esas, que a ella le satisfizo porque se acurrucó contra mí. Me temblaba todo el cuerpo. Mariano se acercó. Me abracé a él y al hacerlo vi el cielo. No dudé que era el fin del mundo: desde el horizonte se alzaba un resplandor rojo; una nube gigantesca de polvo se cernía sobre la ciudad. La luna llena lucía enorme y parecía que el sol, desprendido de su órbita, se hubiera desplomado en llamaradas sobre Managua.

—Se está quemando Managua—gritó alguien. A lo lejos se oían sirenas. Nos invadió el desamparo: nada podíamos hacer, estábamos a merced de fuerzas telúricas cuyo comportamiento era absolutamente impredecible y de las cuales no había forma de escapar. Un vecino intentaba frenético escuchar algo por la radio, pero sólo captaba chirridos de la estática. No habíamos estado en la acera más que unos minutos cuando de nuevo la bestia rugió bajo nuestros pies empezando su crescendo horripilante. Las casas de la cuadra se mecieron violentamente, zarandeándose como si se hubieran tornado livianas. Los postes del tendido eléctrico oscilaron como palmeras en un ventarrón. Escuchamos vidrios quebrarse, paredes fracturarse. El pavimento se levantó sinuoso como si se aprestase a dar un latigazo. Apreté a mi hija contra mi corazón.

Mi esposo gritó asustado que nos fuéramos.

Sólo que no había adonde irse. Ya no nos quedaba el consuelo de ocuparnos en salir de la casa, teníamos que esperar que pasara el estruendo y rezar porque no nos tragara la tierra.

Cuando paró el segundo terremoto, Alicia, que vivía cerca, se marchó a buscar a su familia. Nosotros nos metimos al carro porque alguien dijo que era el lugar más seguro. Decidimos pasar la noche allí. Empezaba a hacer frío y yo tiritaba, me castañeteaban los dientes. No sé en qué momento recordé los juguetes que dejara empacando. Pensé en mi pobre hija que dormía en mis brazos envuelta en el mantel de crochet de comedor y que no tendría juguetes en Nochebuena, en aquella Navidad de pesadilla.

—Nos quedamos sin regalos para Maryam —dije bajito a mi esposo.

—Cómo te puedes estar preocupando por eso en este momento—me amonestó. —Démosle gracias a Dios que estamos vivos.

No bien amaneció, salimos en el carro hacia la casa de mis padres, situada a pocas cuadras de distancia. Llegamos en el momento en que una doméstica, con impecable uniforme, salía por el garaje de la casa a llevarle el desayuno a Mamá servido en bandeja de plata con mantelito bordado. Mi mamá, muy compuesta, con los labios pintados, estaba sentada en una silla playera en un terreno baldío al lado de la casa. Después del abrazo y el gracias a Dios que estamos todos vivos, nos dijo que mi padre había ido al centro a ver qué quedaba de su negocio.

Por la improvisada sala de mi mamá empezaron a pasar los vecinos contando sus vivencias de la noche anterior, en una competencia de horrores donde no faltaba el humor proverbial que ha permitido al pueblo nicaragüense sobrevivir una historia digna de Sísifo. Un amigo nuestro muy querido pasó en carro por la calle y se bajó con los ojos redondos, haciendo grandes gestos trágicos para decir que la hermosa vajilla mexicana que les regalaron a él y a su esposa por su reciente boda se les había quebrado.

—No quedó nada, hermano, ni un plato, ni una taza. Se hizo pedacitos! —Primero reí, pero después, a medida que escuché los lamentos de otras personas por lo que perdieron, sentí ternura. Era increíble comprobar cómo los apegos de la gente, en una situación así, no tienen mucho que ver con el valor monetario de las cosas; se llora por la silla de la abuela, la taza preferida, la colección de objetos pre-colombinos, los libros, los discos. Hasta hubo un señor que murió en el segundo terremoto, por entrar a su casa a sacar su peluca. Horas después regresó mi papá sucio y demudado. Se puso a sollozar con la cara entre las manos, sentado en una silla. Ya para su regreso, todos sabíamos la noticia: el terremoto había nivelado nuestra ciudad. Del casco urbano no quedaban más que escombros retorcidos y humeantes. El incendio continuaba indetenible devorando cuadra tras cuadra. Se hablaba de una cifra inicial de veinte mil muertos. En medio del caos, empezaba el saqueo.

Agitado, mi papá empezó a hablar de ir a sacar la mercadería de una sucursal recién abierta de su negocio. Si no lo hacía, saquearían el local y él no tendría nada con qué empezar de nuevo, repetía. Mi mamá y yo intentamos disuadirlo, pero fue inútil.

Le pedí a mi mamá que se quedara con mi hija y lo acompañé, en el camión que un amigo le facilitara, al centro comercial. Nunca olvidaré el recorrido dantesco que hicimos esa mañana a través de barrios destruidos. Sobre las aceras, se alineaban ya toscos ataúdes de madera, muchos de ellos, pequeñitos. Había que vadear por todas partes los restos de paredes sobre el pavimento, los grupos de personas caminando azoradas, mudas y sin rumbo. Las terribles escenas de destrucción y dolor se repetían por todas partes y lo que hacía el espectáculo más irónico y desgarrador era ver por dondequiera los árboles de Navidad con sus brillantes adornos tirados sobre las aceras, las luces de colores colgando de las ruinas de las casas, las efigies de Santa Claus sobre las vidrieras quebradas de los almacenes, la nieve artificial, el algodón, las chimeneas de pizarra, los letreros de Feliz Navidad desplomados en medio de la calle, como la burla sádica de un Dios despiadado.

Parecía mentira que en un instante la ciudad hubiera perecido y sólo quedaran en pie los barrios periféricos. La vida de cada habitante de Managua quedó marcada esa noche para siempre con la nostalgia por una ciudad que nunca resucitó. Recordé mis presagios del día anterior. Hacía años que presentía que me tocaría vivir un terremoto. Mi intuición no se equivocó, pero mi imaginación se quedó corta. Nunca pensé que viviría días como éstos.

El centro comercial estaba desierto. Las vidrieras de todas las tiendas se habían fracturado y caído al piso, dejando los almacenes abiertos. Junto al almacén de mi papá un negocio de venta de colchones tenía una promoción en que regalaba muñecas lindas y enormes por la compra de un set matrimonial. Las muñecas eran casi del tamaño de mi hija Maryam. Estaban solas allí, tiradas sobre los colchones. Las muñecas solas y mi hija sin juguetes. Miré a todos lados pensando en lo fácil que sería. Acompañé a mi papá a su tienda. Todo estaba en el suelo, pero era recuperable. Empezamos a meter la mercadería en cajas y bolsas y transportarlas al camión. Las muñecas me veían desde las camas. Cada vez que pasaba yo las miraba. Ya había escogido la más linda. Tenía pelo negro, ojos azules y un vestidito estampado de flores. No era muy fina, pero el tamaño compensaba. Una muñeca de ese tamaño compensaría la ausencia de otros juguetes. Horas trabajamos trasladando cajas al camión. No podía dejar de pensar en la muñeca, en la cara que pondría Maryam. Era un asunto de fe. Quería que mi hija conservara la fantasía al menos unos años más, que creyera en los milagros, en la amabilidad del mundo, en las ilusiones. No quería decirle que Santa Claus también había perecido en el terremoto, que no vivía en el Polo Norte con sus duendecitos trabajadores. Se robarían la muñeca de todas formas. Una multitud se había empezado a agrupar alrededor del centro comercial. Se lanzarían de pronto como si alguien diera una señal de ataque. En poco tiempo, no quedaría nada dentro de esas tiendas.

Me debatí en silencio, censurándome y retando mi censura. La presencia de mi padre dificultaba la decisión: Allí estábamos nosotros, salvando nuestras pertenencias del saqueo, y yo me iba a llevar la muñeca del vecino. Injustificable. Mi padre no lo aceptaría.

Estaba cansada. La noche sin sueño, el cataclismo, me tenía en un estado de agitación y nerviosismo. Sentía que me movía bajo el agua. Iba y venía al camión, pero no cesaba de planificar el robo a pleno día, sin atreverme a llevarlo a cabo de una buena vez. El local de nuestra tienda se vaciaba. Ya sólo quedaban unas pocas cajas que transportar. Crucé el umbral de la tienda de colchones cuando nadie me veía. Acerqué la muñeca a la salida. La moví de un colchón a otro más a mano, pero aún no la saqué. No podía, me dije. No podría violentar todos mis códigos de súbito.

Por fin llegó el turno de la última caja. Seguí a mi papá al camión. El chofer metió la llave en la inición y encendió el motor. El ruido me hizo reaccionar.

—Ya regreso—grité, corriendo hacia la tienda con las muñecas. —Ya regreso.

Tenía que hacerlo. Cualquier madre lo haría. Tomé la muñeca, me la puse bajo el brazo y regresé al camión. Me la acomodé en el regazo y le dije al chofer que podíamos marcharnos. Mi padre me abrazó sin decir nada.

Varios días después, en la casa de mis suegros, en Granada, donde nos refugiamos, Maryam me miró mientras jugaba con la muñeca y me dijo, con esa mirada de concentración de los niños cuando han recapacitado: —Mamá, qué alegre que no hubo terremoto donde vive Santa Claus.

Francisco Goldman

Francisco Goldman se crió en las afueras de Boston, Massachusetts. Es autor de The Long Night of White Chickens, *que ganó el Sue Kaufman Award for First Fiction otorgado por The American Academy of Arts and Letters, y* The Ordinary Seaman *(ambos publicados por Atlantic Monthly Press). Fue corresponsal encargado de noticias de Centroamérica en la revista* Harper's *en los años ochenta. Dos veces fue propuesto como candidato para el Pen/Faulkner Award, y ha recibido una Guggenheim Fellowship. Ha publicado en las revistas* Esquire, The New York Times Magazine, The New Yorker *y* Sí. *Actualmente escribe su tercera novela.*

¡ES OBRA DE MAGIA!

MI PRIMER RECUERDO de mi vida en los Estados Unidos es un recuerdo de Navidad. Nací en Boston, pero mi madre volvió a Guatemala con mi hermana y conmigo cuando todavía éramos muy pequeños. Regresamos a la casa de mi abuelo. Luego volvimos a Massachusetts cuando yo tenía unos cuatro años. Para mí, la memoria, como tal, nace en el patio de piedra de aquella casa en Guate, bullicioso y telúrico como una plaza medieval: sirvientas indígenas matando y desplumando pollos o friendo papas en la estufa al aire libre, mariposas ahogándose en la rebosante fuente de piedra, mi primer triciclo con que recorría el patio, mi conejo negro y gordito, los olores fuertes—al moho de la temporada de lluvia y a cáscara de limones podridos.

No tengo recuerdos navideños de esa época, aunque el álbum de familia todavía conserva una reliquia de aquellos ritos: una foto profesional de mi hermana, mi primo y de mí en el Día de la Virgen de Guadalupe. La mayoría de la población guatemalteca es de pura raza maya, así que el 12 de diciembre, a los niños de clase media de la Ciudad de Guatemala—que no son indígenas, sino mestizos—se les viste de "indítos" en homenaje a la Virgen, la Patrona de las Américas, la Reina de las Indias, la Virgen morena, que se le apareció en el 1531 al indígena Juan Diego al pie de una colina mexicana.

Ahí estamos—Frankie y Barbie Goldman y nuestro primo Leonel Molina—con traje ceremonial de K'iché Maya Chichicastenango, los niños con unos bigotitos dibujados con carbón, los tres posados frente a un telón representando una choza indígena en un estudio fotográfico. Abuelita era la que enviaba—de parte suya y de su marido— este saludo navideño religioso a mi padre judío que vivía en Boston. La abuela lo dedicaba en mal inglés: "Here your two little Indians (sic). With our very best wishes for a Merry Xmas and a Happy New Year . . . Francisco y Hercilia" ("Aquí tus dos inditos. Feliz Navidad y Próspero Año Nuevo"). ¿Qué habría pensado mi padre cuando abrió el sobre y vio esa foto por primera vez? Era posible que su familia nunca volviera a vivir con él. Y de pronto, aquí estaban sus pequeños "indios" católicos y mestizos. ¡*Oy vay!* Feliz Navidad.

El próximo año mi hermana y yo nos enfermamos de tuberculosis. Esto nos salvó de tener que quedarnos en Guatemala, un país que, simultánea y ferozmente, amo y odio y que me siento siempre obligado a visitar con frecuencia. Me aterroriza pensar lo que hubiera sido de mí si me hubiera criado allá. Mi madre nos llevó a Boston, en parte para que tuviéramos la mejor atención médica posible, y en parte porque, al parecer mis padres pudieron resolver lo que los había separado provisionalmente. Mi padre nos esperaba en una casa tipo *ranch* en las afueras de la ciudad. Creo que nosotros—mi madre, mi hermana y yo—nunca habíamos vivido ahí. Yo tenía casi cuatro años. Era Navidad.

Me acuerdo que me regalaron una pala de vapor negra y anaranjada tan grande que me llegaba a la cintura. Funcionaba a base de una cadena y una palanca. Me quedé ahí mirando el nuevo juguete, medio atontado pero feliz. Papi me miraba sonriendo. Me imagino que había un árbol de Navidad. No sé por qué, pero la memoria siempre sitúa esta escenita en un lugar inverosímil:

en un rincón rústico del sótano, frente a la rugiente caldera, que a nuestros ojos infantiles era una especie de monstruo-robot oxidado y terrorífico que vivía ahí.

Hablaba yo más español que inglés. He oído una grabación de esa época en la que estoy contando una excursión al zoológico. Hubiera podido ser el que inventó el *Spanglish*, con mi fuerte acento chapín. En menos de una década, ese acento se transformaría en un bostoniano muy cerrado—era tan fuerte que en el primer año del *college*, el consejero de la universidad, me contó que había pensado que yo tenía un defecto del habla, hasta que oyó hablar por primera vez a mi padre. Siempre pensé que el acento y el tono de Papi eran como los de Tip O'Neill, con esa misma aspereza e integridad de clase obrera bostoniana.

La familia de mi padre había huido de Rusia en la época de los pogromos. Él y sus hermanos menores nacieron en los Estados Unidos. Mi padre, que tenía veinte años más que mi madre, había nacido en el 1910. Era judeoamericano. Nunca fue muy religioso, aunque su identificación con lo judío es fuertemente marcada y parte esencial de su ser, a pesar de haberse casado con una católica. En nuestra familia, celebrábamos las Navidades, no Jánuca. Celebrábamos las fiestas guatemaltecas por mi madre, y por supuesto las norteamericanas. Para las fiestas de Pesaj, íbamos a la casa del tío Hy, o la de la tía Mimmie o la de la tía Lee.

Sin embargo, siempre he asociado las Navidades con mi padre, a pesar de que siempre conservó su judaísmo con dignidad. Nunca se le hubiera ocurrido acompañarnos a mí, a mi madre y a mi hermana a la misa del gallo. Para mi padre, la Navidad adquirió un significado muy especial, casi relacionado con el Antiguo Testamento: marcaba el regreso de su familia de sus andanzas "infieles"—¡y sobre todo, la vuelta del hijo! Creo que nunca he visto a mi padre tan feliz como lo está en una foto de esa primera Navidad, con su hijo—tuberculoso, y dócil, encaprichado con su papá— en los brazos.

Nosotros celebrábamos las Navidades al estilo clase media de suburbio norteamericano. Como la familia Molina—la guatemalteca, la de mi madre—tiene negocios de juguetes, quizás por esto celebra las Navidades como las clases medias y altas centroamericanas y mexicanas, es decir, al estilo suburbano norteamericano, con los adornos y sentimientos típicos de la época: Santa Claus, los juguetes, la nostalgia y cariño familiar y hogareño, el árbol, el *eggnog*. También abundan los elementos religiosos: los nacimientos, la iglesia, el bello relato bíblico y a veces esos sentimientos de asombro y ternura sagrados. En el fondo, la Navidad es el mundo de los niños, y lo que se celebra es el misterio y la magia del mundo infantil.

Todo país tiene su tradición, y mi madre, como era maestra, le daba mucha importancia a esto. Ahora su entusiasmo me causa una increíble ternura, pero en ese momento me daba vergüenza; quería ser "americano", como los demás. Todo esto del Día de la Guadalupe, el disfrazarse de maya, comer tamales, beber atole, todo acompañado del *tica-toca-tic* del tambor de caparazón de tortuga era muy divertido para mi madre y sus estudiantes del club de español. Aparecían año tras año en un programa de la emisora de televisión pública para enseñarles a los habitantes de la Nueva Inglaterra come se supone que se celebrara la fiesta en Guatemala—antes de los centros comerciales y la universalización de las Navidades consumistas norteamericanas. Mi mamita, rodeada de sus alumnos irlandeses, *WASP* e incluso judíos, marcaba el *tica-toca-tic* con el tambor, con una posada en los brazos (no una de verdad), e imitaba el viaje de María y José buscando cobijo de casa en casa camino al pesebre de Belén. En el estudio—o cualquier sitio donde se estuviera celebrando la fiesta navideña del club de español—desfilaban un poco por el escenario y luego se ponían a comer. La costumbre en Guatemala era ir de casa en casa, donde te brindaban tamales, atole y otras delicias, se parecia a la tradición anglosajona de *Christmas caroling*.

Mi madre acaba de jubilarse este año, y ya hace tiempo que no aparecía por televisión con su club de español. Siempre que regreso a casa, veo que arriba de todo en la estantería del estudio, todavía está el tambor con el palillo colocado en el caparazón hueco. Hasta el simpático caparazón está jubilado.

Por supuesto que esto del tambor y el desfile no lo hacíamos en casa. Aunque recuerdo que una vez mi padre, un poco alegre por el *eggnog*, se puso a representar el gracioso baile boliviano de los pañuelos. A veces venían parientes para celebrar la Nochebuena con nosotros, aunque mis padres casi siempre invitaban a sus amigos: mi madre a sus amistades latinoamericanas, y mi padre a las judías de su infancia. Eran como familia para nosotros; les decíamos "tíos". Nos obligaban a mí y a mi hermana a tocar dúos. Mi hermana era una maravilla tocando el violín. Y yo fingía que tocaba el clarinete, soplando con mucho esfuerzo y dando bocinazos. Era tan malo que, a veces, desesperado, partía la lengüeta en dos con los dientes a propósito, fingiendo que había sido sin querer y que estaba disgustado porque ya no me quedaban más.

A veces en Nochebuena íbamos a casa de una de las amigas latinoamericanas de mi madre a ver el nacimiento. Tenían un antiguo Niño Jesús de porcelana, reliquia familiar de la época colonial que había viajado con ellos de Bolivia a Boston. Me acuerdo de esa figura, y yo a su lado cantando los *carols* navideños.

Pero Navidad era la fiesta de mi padre, como también lo era el *Halloween* y casi todas las fiestas, con la excepción de la Pascua cristiana. Quizás Papá valoraba tanto estas fiestas por haberse casado y tenido hijos relativamente tarde. Recuerdo que una noche de *Halloween*, mientras yo dormía, de pronto me despertaron unos golpes en la ventana, donde vi una máscara horrorosa. Me puse a gritar y gritar. La máscara desapareció. Llorando y aterrorizado, miré boquiabierto por la ventana oscurecida por la noche. Oí unos ruidos raros que venían del patio, como de aluminio crujiendo, y luego un gemido. Papi se había caído de la escalera y se había hecho daño en la espalda. Tuvo que guardar cama una semana entera; por suerte no se deslomó.

Nunca me olvidaré de un momento navideño. Creo que fue el segundo año en Massachusetts. Mi padre me llevaba en los brazos. Nevaba. Estábamos en la entrada de la casa. Mi padre señalaba el cielo, muy emocionado, y me decía; —¿Los ves? ¿Los oyes? ¡Míralos, Frankie! ¡Santa Claus y los renos!—Lo dijo con tanta sinceridad que terminé viéndolos, volando por el cielo y la nieve, muy lejos allá en el cielo, sobre el tejado de la casa de los O'Donnel y los árboles en la colina que quedaba detrás de la casa. ¡Veía a Santa Claus y a los renos! Nunca me olvidaré de ese cuadro. ¿Quién podría olvidar algo así?

(Una vez Gabriel García Márquez dijo en una entrevista que la clave de su arte fantástico era que había que entender que nada convence más que la convicción.)

Pasarían más de treinta años hasta que otra vez me encontrara en una situación parecida, otra vez convencido, con esa misma sensación de maravilla y emoción halucinante. Escuchaba una convicción muy parecida a la de mi padre—y de pronto comprendí aquel comentario y lo que me enseñó, comprendí que había sido un regalo inolvidable. Estaba visitando a un amigo en el sur de España justamente en la época de Navidades. Su niña, Rosita, y yo estábamos fuera, en el patio. Acababa de anochecer, y desde la colina se veían las luces del Mediterráneo en la distancia, el cielo nocturno de un azul luminoso, con su luna plateada y sus luceros. Rosita estaba en camisón y me explicaba—la voz insistente con la emoción de lo que acababa de descubrir—cómo vuelan Santa Claus y los renos.

—La gente dice que es imposible, dice que es imposible que vuelen. —Luego, con expresión indignada, afirmó— ¡Es que no entienden!—Rosita movía la cabeza afirmativamente como si todo fuera tan obvio. Hizo un gesto de impaciencia, como diciendo, "¿No te das cuenta de lo sencillo que es?"

Entonces concluyó: —Pues es magia. Santa Claus vuela porque es mágico. Y por eso decimos que es magia. ¡Es que es magia!

Atole de chocolate

MÉXICO 

El atole es una bebida de harina de maíz que se toma caliente. Se puede condimentar con chocolate o con fruta cocida. Si conoces un mercado de especialidades mexicanas, conseguirás los ingredientes fácilmente. El chocolate mexicano se vende en unos discos envueltos en papel. Ya lleva mucha azúcar, y según la marca, tiene sabor a canela, nuez moscada o almendra. Fíjate bien en los ingredientes. La marca Ibarra, importada de Guadalajara, es muy pura —sólo tiene azúcar, cacao, almendras, canela y lecitina. Abuelita es otra marca muy asequible; el chocolate es producto de México pero lo destribuye Nestlé en los Estados Unidos. Este se derrite muy bien, pero le falta el sabor a almendra. Los ingredientes de la receta varían según los ingredientes del chocolate.

2 tazas de agua tibia
2 cucharadas generosas de masa harina
2 tazas de leche
1 disco (unas 3 onzas) de chocolate mexicano (Si no puedes conseguir chocolate mejicano auténtico, puedes sustituir tres onzas de chocolate endulzado, 1/4 cucharadita de canela, 1/4 cucharadita de nuez moscada y unas gotas de extracto de almendra.)

En una licuadora, mezclar la harina y el agua hasta que esté todo uniforme (véase la nota al final de la receta). Echar la mezcla en una olla y dejar que hierva, removiendo con una escobilla constantemente. Bajar el fuego y cocer a fuego lento unos 5 a 10 minutos, removiendo para que no salgan grumos, hasta que la mezcla se espese. Añadir la leche, subir la llama y seguir removiendo hasta que esté a punto de hervir. Bajar la llama un poco para que la leche no hierva, añadir el chocolate y seguir batiendo con la escobilla hasta que se funda todo el chocolate y la mezcla esté lisa y uniforme. Cocer a fuego lento 10 a 15 minutos más hasta que el atole esté espeso y cremoso. Servir en tazas.

NOTA: Hoy día, muchos mercados de especialidades mexicanas venden masa harina instantánea, lo cual elimina el riesgo de grumos al cocerla. Si se consigue, no hay que usar la licuadora. Sencillamente se mezcla la harina con agua en la cazuela con una escobilla.

Para dos raciones abundantes.

PEDIDA DE LA POSADA

LOS NUEVE DÍAS ANTES de la Navidad se celebran las posadas mexicanas. Representan a José y a María en su búsqueda de una posada que será el lugar del nacimiento del Niño Jesús. Las procesiones van iluminadas con velas y encabezadas por niños que deben llevar nacimientos de barro. Cuando llegan a la primera posada, el grupo canta los versos de José pidiendo posada, y el "posadero" les responde cantando que no hay sitio. Cuando las canciones terminan, se les abre la puerta a los "peregrinos" y se les ofrece tamales, chocolate y otras delicias. Para los niños debe haber una piñata llena de dulces y regalitos que rompen como parte del festejo.

San José

En nombre del cielo
Os pido posada
Pues no puede andar
Mi esposa amada

Casero

Aquí no es mesón;
Sigan adelante.
Yo no puedo abrir;
No sea algún tunante.

San José

No seáis inhumano;
Ten nos caridad.
Que el Dios de los cielos
Te lo premiará.

Casero

Ya se pueden ir
Y no molestar.
Porque si me enfado
Los voy a pelear.

San José

Venimos rendidos
Desde Nazaret.
Yo soy carpintero.
De nombre José.

Casero

No me importa el nombre;
Déjenme dormir,
Pues que ya les digo
Que no hemos de abrir.

San José

Posada te pido,
Amado casero,
Por sólo una noche,
La Reina del Cielo.

Casero

¿Pues si es una reina
Quien lo solicita,
¿Como es que de noche
Anda tan solita?

San José

Mi esposa es María
Es Reina del Cielo,
Y madre va a ser
Del Divino Verbo.

Casero

¿Eres tú José?
¿Tu esposa es María?
Entren, peregrinos,
No los conocía.

San José

Dios pague, señores,
Vuestra caridad,
Y así os colme el cielo
De felicidad.

Casero

Posada os damos
Con mucha alegría,
Entra, José justo,
Entra con María.

Víctor Martínez

Víctor Martínez es de California. Es autor de A Parrot in the Oven *(HarperCollins), texto ganador del National Book Award por su obra para jóvenes lecturas en 1996.*

¡BARRIO HUMBUG!

LAS NAVIDADES DE MI NIÑEZ eran recordatorios anuales, melancólicos y monótonos de que mi familia era pobre. El revestir esto de sentimentalismo pintoresco no ofusca esa realidad. Hasta que mi padre no descubrió que en el *Lions Club* regalaban juguetes baratos para los pobres, los regalos navideños siempre eran cosas prácticas y baratas: un montón de calcetines de la tienda de baratijas sujetados con una goma, o unos vaqueros sufridos que durarían hasta el verano. Una vez me regalaron un tiranosaurio de plástico y me emocioné tanto que me dio un ataque de nervios y casi perdí el aliento. Es que pensaba que Dios había cometido un error, que los juguetes de este tipo sólo eran para los niños ricos.

De todos modos, mi madre afirmaba que teníamos suerte. En México, nos decía, ni se les ocurre a los niños esperar una bicicleta de marcha, a lo sumo esperan una fruta y unas figurillas de barro que les dejan en los zapatos en Nochebuena. Decía que los mexicanos no eran desalmados y corrompidos y sin alma como los norteamericanos, que aquí había tanto derroche que hacían falta dos Navidades a todo tren: una para los fieles seguidores de Jesucristo y otra para los que se quieren emborrachar y recibir regalos.

Mi madre era una mujer muy sabia, y de hecho, todavía lo es. Pero no entendí lo que decía hasta que no cumplí los veinticuatro años. Ese año en Nochebuena mi hermana y yo estábamos en la sala de un primo esperando que el reloj diera las doce. Los niños del primo esperaban en acecho, como lobos jadeantes husmeando el cadáver de un venado. Mi primo no era rico; ¿qué familia chicana de Fresno, California, lo es? Pero como él decía, siempre había la posibilidad de "frotar la lámpara mágica del pobre", es decir, hacer milagros con muy poco dinero.

Cuando el reloj por fin y aparatosamente dio las doce, se levantó un remolino, gruñiente y borrascoso. Eran los niños, con las caras transformadas en máscaras de entusiasmo voraz, las manos regordetas arrebatando los regalos como si tuvieran miedo que los juganetes se escabulleran.

Niños que apenas habían pasado de los dientes de leche se volvieron animalitos de rapiña con "colmillos" y todo. Casi se desmoronaron los muros de la casa con el frenesí de la comilona. Mi hermana y yo nos pusimos a temblar por la fiebre helada de la fría e implacable avaricia. Esos niños no abrían los regalos, sino que los destripaban para que luego —en un segundo fríamente calculado— juzgaran el contenido, comparándolo con lo que había ideado el hiperfluvio de sus maquinaciones imaginativas. Entonces, un resoplido cáustico de desilusión emanaba de los hocicos infantiles. Evidentemente los regalos de la realidad no eran lo que habían visto en las fantasmagorías espléndidas de la fantasía. Pero igual la próxima caja las contenía. Inmediatamente se ponían a destripar otro paquete.

No hay paisaje más torturado que el de la cara de un niño cuando no ha recibido lo que añoraba para Navidad. Sin embargo, incluso esta desilusión duraba sólo un instante. Tan pronto como reunían y amontonaban su botín, al segundo decidían que lo que querían era ¡el botín del otro! Entonces empezaban todos a pelearse y seguía una sarta de bofetadas y puñetazos. Le echaban las garras obstinadamente y con gesto contrariado a una camioneta Tonka que era de otro . . . Ya los juguetes como tal habían perdido el interés y se habían convertido en armas para ser tiradas a la cabeza de otro niño.

Salí de casa de mi primo abatido, decaído. Decidí que nunca más jugaría a la ruleta del comercio navideño. Desde ese día, me prometí que a Santa Claus le daría un puñetazo en las narices (en el sentido figurado) sea donde fuera que nos encontráramos. Me quedaría indiferente frente al espectáculo de un árbol navideño celestialmente adornado, maravillosamente resplandeciente en la vitrina de un comercio. La única forma de sentir el éxtasis frente a ese pino simbólico sería comprándolo con el corazón vacío, un corazón que ya no escuchaba la agonía silenciosa de los bosques aniquilados.

Además, sin cortarme, yo le explicaba a cualquiera que me escuchara que a nosotros los chicanos también nos había engullido el monstruo consumista de las grandes corporaciones norteamericanas que nos habían violado los bolsillos. Lo nuestro ya no era el inocente idilio de las posadas y cenas familiares festivas. Aquí en los Estados Unidos, vociferaba yo, éramos como los demás, avaros de dar un tremendo mordisco a la riqueza de la tierra, como cualquier glotón yanqui.

Al que no estaba de acuerdo le decía o, más bien, lo confrontaba con: —Piensa en las veces que has oído a un padre chicano, incluso los de mejores intenciones progresistas, decir, "Bueno . . . es que a los niños les encanta. Es para los niños". ¿Y cuántas veces has visto los ojos de esos mismos padres, que se habían apuntado fervorósamente a las manifestaciones para los derechos chicanos, brillar como unas lucecitas rojas y verdes, cuando se acercaban las Navidades? Somos tan sentimentales con respecto a las Navidades como al *Movimiento*. Entonces —continuaba yo— les metemos billones de dólares por un tubo a las corporaciones que van vendiendo la felicidad envuelta en papel flamante navideño. ¿Por qué? Porque en el fondo nos damos cuenta, aunque de forma muy sutil, que los hijos ya no nos pertenecen. ¡Ya son propiedad de los colegios horripilantes que los educan, de los amigos desquiciados que ejercen más autoridad sobre ellos que nosotros, de la tragaperras *pop* de basura y desperdicio que es la cultura estadounidense! —Era yo muy elocuente.

Como se puede imaginar, estas cantaletas de santurronería moral me distanciaban de mi familia y de mis amigos, sobre todo porque yo no tenía hijos. Era yo el aguafiestas en las reuniones familiares, y pronto dejaron de invitarme a las celebraciones navideñas. Mi presencia era como una lluvia de fuego soltando su ira en un desfile de figuritas *papier-mâché*.

Pero felizmente, a medida que uno va madurando se va dando cuenta —como decía mi madre, una mujer con el alma sabia de un Buda ascético— que nadie quiere un insecto en sus geranios. La solemnidad de mi deseo de luchar en contra del materialismo no era tan apremiante como el querer estar con mi gente. A fin de cuentas, me crié con siete hermanos y cinco hermanas, y no estaba acostumbrado a ser excluido. Ser el *Grinch* o, peor todavía, el *Scrooge* en Navidad es como patinar solo en el Rockefeller Center.

Al fin tuve que adaptarme un poco, y el cambio de actitud me salió muy bien y me benefició. Lógicamente, terminé rindiéndome a la vorágine resplandeciente de la Navidad. El que se pasaba predicando el cinismo igualitario en cada esquina se convirtió en un pendejo hipócrita. ¿Y por qué no? La Navidad es un mal que sólo se cura aniquilando el entusiasmo fingido de la autosuficiencia. La verdad es que me encanta comerme unos buñuelos de canela acompañados de un poco de *eggnog* bajo la repisa de la chimenea adornada de *mistletoe*. Me fascina estar con las manos en la masa de los tamales, aunque parezca cosa de hombre faldero. Ya puedo entregarme a los placeres navideños y disfrutarlos abiertamente.

De ninguna manera voy a volver atrás. Aquel jóven cínico aguafiestas por poco lo destierran del calor hogareño de la familia. Y la Navidad, ¿qué es sino familia? Un día del año, a veces de un año difícil, mi familia se reune, y hablamos, peleamos, revivimos viejas disputas y luego lo perdonamos todo. El mundo está allá fuera, y nosotros aquí dentro; y no estamos solos, sino juntos.

Buñuelos

MÉXICO

Preparar estas delicias ocupa bastante tiempo, pero el esfuerzo vale la pena. Si no los has hecho antes, es posible que tengas que practicar un poco para conseguir una masa fina y uniforme. Pero no te preocupes demasiado si no puedes hacer círculos perfectos. Saldrán sabrosos con cualquier forma que tengan.

3½ tazas de harina
1½ cucharaditas de polvo de hornear
1 cucharada de azúcar
½ cucharadita de sal
4 cucharadas de grasa sólida de vegetal o manteca para freír
1 huevo grande, ligeramente batido
1 taza de agua tibia

Mezclar la harina, el polvo de hornear, la azúcar y la sal. Incorporar la manteca, desmenuzándola poco a poco y trabajando la masa bien hasta que ya no se vean los pedacitos de manteca. Esto se puede hacer con dos cuchillos, con una paletilla de pastelero o con los dedos. Hacer un hueco en la masa, y con un tenedor incorporar el huevo batido poco a poco, y después el agua tibia.

La masa debe quedar flexible y un poco pegajosa. Amasar fuertemente sobre una tabla espolvoreada de harina unos 10 minutos, doblándola, dándole puñetazos y machacándola (esto parece ser mucho trabajo, pero es muy divertido e incluso terapéutico). Si la masa se pega, espolvorear la tabla de harina un poco más. Cubrir la masa con una toalla y dejar reposar unos 30 minutos.

Ir pellizcando la masa sacando pedacitos que deben enrollarse en globitos de 1 pulgada. Aplastarlos con la palma de la mano para que formen círculos, entonces aplanar la masa hasta que se formen círculos de 6 pulgadas de diámetro. Los círculos deben ser finísimos.

Poner la manteca en una sartén pesada y honda y calentar hasta que se derrita y tenga 1½ pulgada de profundidad. Cubrir una bandeja o una fuente con capas dobles de papel absorbente y colocarla cerca de la estufa. La temperatura de la grasa es fundamental: si se echan unas gotas de agua y empiezan a burbujear inmediatamente, el aceite está listo. Colocar los circulitos en el aceite uno a uno. Aplastarlos y sumergirlos en el aceite con una espátula de ranuras hasta que empiecen a dorarse, entonces darles la vuelta para que se doren del otro lado. Los buñuelos irán tostándose cuando se estén enfriando, así que no conviene que se pasen. Sacarlos y ponerlos en papel absorbente y dejar que se escurran un poco.

Pueden servirse calientes o a temperatura de ambiente, espolvoreados de azúcar acanelada. Una vez que se enfríen, se pueden conservar en un recipiente tapado.

EL ALMÍBAR (OPCIONAL)

1 taza de azúcar morena o piloncillo
3 a 4 ramitos de canela
1 taza de agua o jugo de naranja
1 cucharada de anís en semilla o 12 piezas de anís estrellado

A veces los buñuelos se sirven amontonados y cubiertos de almíbar. Si éste se usa, debe eliminarse el azúcar acanelado. Los piloncillos son unos pilones de azúcar morena que se venden en mercados mexicanos, pero cualquier tipo de azúcar se puede sustituir. Poner todos los ingredientes en una sartén y cocer a fuego moderado, removiendo, hasta que la azúcar se derrita. El almíbar se puede hacer de antemano y recalentar.

Esta receta es para unos 18 buñuelos.

Buñuelos perezosos

CALIFORNIA/MÉXICO

Después de pasarnos varias días intentando perfeccionar la técnica de preparar buñuelos, la hermana de Joie, Jacqueline Davidow, nos ofreció la versión "auténtica" de esta receta. Nos dijo que su amiga y colega, Mónica Gutiérrez, había llevado unos buñuelos exquisitos al trabajo en las Navidades. Jacqueline le pidió su receta "secreta." Se podrán imaginar la sopresa que nos dio al leer los ingredientes. Estos buñuelos no salen tan livianos y crujientes como los auténticos, pero requieren muchísimo menos trabajo.

1 paquete de tortillas de harina, muy frescas
manteca para freír
azúcar y canela

Cortar cada tortilla en cuatro. Freír los triángulos sumergidos en manteca muy caliente (que no esté humeante). Escurrir en un colador forrado de papel absorbente. Mezclar 2 partes de canela con una de azúcar en una bandeja o en una cacerola. Colocar las tortillas recién fritas en la mezcla hasta que estén bien espolvoreados. Sacudir el exceso y servir.

Cada tortilla da para 4 buñuelos.

Tamales dulces

MÉXICO/ARIZONA

Los tamales rellenos de pollo, queso o carne son deliciosos todo el año, pero los tamales dulces son muy especiales y sólo se comen de postre en las fiestas navideñas. Estos están rellenos de piña y pasas, pero también se pueden rellenar de coco rallado, almendras, piñones, fruta acaramelada o pasta de guayaba, y se pueden condimentar con canela, nuez moscada o anís. Los tamales dulces son la especialidad del Saguara Café en Tolleson, Arizona. Mercy E. Lara nos envió esta receta.

1 paquete de hojas de maíz secas
4½ tazas de masa harina
1 cucharada de polvo de hornear
1½ cucharadas de sal
½ taza de azúcar granulada
½ taza de azúcar morena
1 taza de mantequilla, manteca o combinación de las dos
2½ tazas de caldo de carne (casero o envasado)
¾ taza de pasas
1 lata mediana (20 onzas) de piña machacada, sin el jugo

Poner las hojas de maíz en remojo en agua tibia por lo menos 15 minutos, o hasta que estén blandas y flexibles. Asegurarse de que no queden restos de hilos de seda.

Poner la harina en un recipiente grande. Agregar el polvo de hornear, la sal, las azúcares y la manteca o mantequilla, mezclándolo todo bien. Añadir el caldo y mezclar hasta que la pasta quede uniforme y lisa. Agregar las pasas y la piña y mezclar.

Amontonar las hojas de maíz más grandes. Deshilar algunas de las hojas más pequeñas para luego usar como hilo de atar. Tomar una hoja entera y colocar dos cucharadas generosas de la pasta en el medio de la hoja. Enrollar la hoja sobre la pasta, como si se estuviera enrollando cigarrillos. Al terminar de enrollar, doblar las puntas hacia adentro y atar con un hilo de hoja. El tamaño y la forma del tamal puede variar, pero el relleno siempre debe quedar bien envuelto y cubierto.

Los tamales se deben cocinar al vapor, en una olla que lleva un colador por dentro suspendido sobre el agua hirviente. Colocar los tamales en el colador y cocinar al vapor unos 40 minutos. Como estos tamales no llevan carne, se cocinan rápidamente. Cuando estén hechos, deben quedar sólidos, con el relleno blando y húmedo.

Esta receta da para 2 o 3 docenas de tamales, según el tamaño.

Sandra Cisneros

Sandra Cisneros nació en Chicago en 1954. Es internacionalmente conocida y ha ganado varios premios importantes, entre ellos una beca de la MacArthur Foundation. Cisneros es autora de The House on Mango Street, Woman Hollering Creek and Other Stories, My Wicked Wicked Ways *y* Loose Woman. *Vive en San Antonio, Texas. Actualmente escribe una novela.*

UN POQUITO DE TU AMOR . . .

CUANDO MURIÓ mi padre el año pasado, una semana antes del Día de los Enamorados, un pedacito de mi corazón se fue con él. Mi padre, aquel pobre sentimental supremo, nos quería a mí y a mis hermanos con delirio, con una fiebre rococó de arabescos y torres afiligranadas de azúcar, tan tierno y encantador como los románticos boleros mexicanos que tanto le gustaba cantar. "Dame un poquito de tu amor siquiera, dame un poquito de tu amor nomás . . ."

—Música de mis tiempos—decía mi padre con orgullo. Al oírlo ya olía yo las gardenias y la brillantina Tres Flores.

Antes de que mi padre muriera, cuando un ser querido se le había muerto a alguien, yo le decía "lo siento". Era una fórmula social automática que decía por puro convencionalismo. Pero con la muerte de mi padre, me he iniciado a lo que llamo la familia universal. Ya estoy conectada a todas las muertes y a sus sobrevivientes. Digo "lo siento", con su doble acepción de *I'm sorry* y *I feel it*, de *pesar* y *vivir*.

Lo siento. Desde su muerte, vivo la vida más intensamente.

Mi padre nació bajo el águila y la serpiente de la bandera mexicana y murió bajo un manto de estrellas y rayas, un honor al veterano "americano" de la Segunda Guerra Mundial que era. Como muchos inmigrantes, era demasiado patriótico, excepcionalmente trabajador y, por encima de todo, hombre de familia por excelencia. Sin embargo, me doy cuenta de que aquí en los Estados Unidos, su vida no cuenta como parte de la "historia", no es el "americano" que los políticos invocan en sus discursos.

Pensé mucho en mi padre en esta última temporada navideña. En la Nochebuena del 1997, cuarenta y cinco mayas, indefensos fueron asesinados mientras rezaban en una capilla en Acteal, Chiapas: entre ellos había veintiuna mujeres y catorce niños. El presidente mexicano expresó su horror y prometió encargarse de llevar a justicia a los culpables. Pero el pueblo mexicano no es tonto. Todo el mundo sabía quién era responsable, pero ya sería el colmo esperar que el presidente se culpara y se echara a la calle a sí mismo.

Sé que las muertes de Chiapas están de alguna forma conectadas conmigo aquí en los Estados Unidos. Sé que la matanza está relacionada con la expulsión de indígenas de su tierra. Aunque la gente es muy pobre, la tierra es riquísima, y esto lo sabe el gobierno. Y por le tanto la deuda exterior mexicana está ligada a mi alto nivel de vida, y la presencia y el poder de los militares en México son necesarios para tranquilizar a los inversionistas norteamericanos, y así es . . . el ciclo da vueltas y se transforma y siempre vuelve al mismo sitio . . . a los Estados Unidos. Y todo beneficio va para los que hay que beneficiar—a los norteamericanos.

He estado pensando en todo esto aquí, en mi casa en San Antonio, Texas. Aquí, como el que sufre de comezón, de anhelo, de una picazón que no se puede rascar. Como escritora, ¿qué responsabilidad me toca? ¿Y como mujer? ¿Como mestiza? ¿Como ciudadana de los Estados Unidos que sin embargo vive en varias fronteras? ¿Qué hago yo como hija de mexicano? Padre, ayúdame, anda. ¿Por qué no lo haces? Lo siento. He buscado respuestas. El día de Navidad estas voces y preguntas y sus ecos resuenan y reverberan dentro de mi como una campana.

En la casa de mi padre, por ser él como era—"*Hello my friend!*"—las comidas navideñas eran un banquete internacional. Eran una lección de historia, de diplomacia y de la capacidad que tiene el estómago de borrar, o por lo menos de minimizar, los conflictos raciales y étnicos. Nuestras fiestas eran de una hibridez cultural única, que quizás sólo se podía dar en una ciudad como Chicago. Eran de una abundancia propia de una familia mestiza con tradición de matrimonios con gente de otras etnias y razas, y de vivir en barrios multiétnicos. La diversidad representada por los empleados del negocio tapizero de mi padre era parte integral de la Navidad en casa.

Hasta el día de hoy, nuestra comida típica navideña consiste principalmente de los tamales, esa delicia indígena que nos une al mundo prehispánico. Nunca hay menos de veinticinco docenas: los rojos que le gustan a todos, los verdes picantes, los rosados y dulces rellenos de mermelada y pasas que les encantan a los niños. A veces son caseros—los prepara mi madre. "¡Es el último año que los hago!" protesta ella con coquetería. Pero casi siempre los mandamos pedir con anticipación a alguien mejor dispuesto a esmerase en hacer algo tan complicado; recientemente a la señora que vende unos tamales excelentes frente a la Carnicería Jiménez en North Avenue donde despacha desde un carrito del supermercado.

La contribución de mi padre a la mesa era su famoso bacalao guisado, de origen español. Lo preparaba como esos cocineros que salen por televisión, ahí dando órdenes: "Andale, necesito un plato; tráeme el delantal, por favor; que me den los jitomates, y que los laven primero; a ver si me pasas el cuchillo y la tabla; ¿y las aceitunas? ¿dónde estarán?"

Éramos—y todavía somos—tan consentidos que siempre esperábamos, y recibíamos, una bandeja de *pierogies* caseros y salchichas polacas. Los trae o la familia de mi cuñada—los Targonski—o los tapiceros polacos que trabajaban con mi padre, y que casi no hablan ni una palabra de inglés. También servimos empanadas de carne jamaiquinas, la herencia de Darryl, que fue el barnizador del comercio de mi padre, pero que se fue hace tiempo. Y por supuesto que siempre hay esas maravillas italianas de la panadería Ferrara de nuestro antiguo barrio de West Taylor Street. Imaginate si un pastel tuviera la forma del Vaticano. Comemos pasteles italianos de la Ferrara desde que yo asistía al tercer grado.

Nuestra fiesta no se parece nada a la típica comida formal americana al estilo Norman Rockwell. Estamos comiendo todo el día, inspirados por hambre o por antojo. Todo el día sale el vapor de las ollas sobre la estufa y suena el *beep* del microondas. A veces uno empieza el postre, los *cannolis* de la Ferrara, mientras el otro termina el desayuno, que puede ser una torta de tamal de puerco en pan francés, una invención mestiza de la época de la intervención francesa.

La historia es una invitada más a nuestras comilonas navideñas. Está el pan francés del Emperador Maximiliano, los tamales de maíz de los aztecas, la receta andaluza del bacalao. Están nuestras mudanzas constantes, de un barrio a otro, donde siempre éramos el puente color cafe que conectaba los barrios de Chicago que estaban en lucha perpetua. Y también están el mestizaje, los matrimonios familiares con gente de diversas etnias y razas, los empleados de mi padre que lo querían tanto que les encantaba compartir sus delicias caseras aunque nuestros países de origen no pudieran compartir nada más.

Cuarenta y cinco muertos en Acteal. Mi padre, también muerto. Leo los periódicos y siento las muertes en el corazón. Más de la mitad de la juventud mexicanoamericana ni siquiera termina la secundaria. Y la prioridad de nuestros políticos es la construcción de cárceles más grandes. Vivo en un estado donde hay más condenados a muerte que en ningún otro sitio en el mundo. Alamo Heights, el barrio blanco y rico de San Antonio, apoya la enseñanza del español como segundo lengua desde el primer grado, mientras que en otras ciudades, los políticos intentan derrumbar la educación bilingüe. A dos horas de mi casa, los militares norteamericanos vigilan la frontera, y dicen que es por los narcotraficantes y los bandidos. Pero yo no soy tonta, sé perfectamente a quien quieren prohibirle la entrada. Lo siento. Y lo vivo.

Pienso en estas cosas al asistir a una reunión de líderes latinos entre Navidad y Año Nuevo. No sé muy bien lo que espero de estos líderes. Pero sí sé que no quiero irme sin oír una toma de posición por parte de los líderes con respecto a la matanza de Chiapas. La comunidad latina tiene que darse cuenta que esos cuarenta y cinco indígenas eran familia.

Un político de Arizona se explica:—Sí, es como familia, para ti es como si se te hubiera muerto el padre o la madre, para mí, un primo lejano.

¿Es demasiado idealista, demasiado inocente de mi parte, esperar que nuestros líderes nos guíen?

—Eres muy impaciente—me dice una latina. Me deja tan asombrada que no puedo responderle. De pronto comienza una sesión caótica de *karaoke*. Un cineasta chicano empieza a predicar —"Hay momentos de horror y momentos de placer". Sigue hablando sin parar. Se me saltan las lágrimas. Después de lo que parece una eternidad, termina diciendo: "Pues ya sabes lo que tienen que hacer, ¿no?"

Y de pronto lo veo todo muy claro, ya sé lo que tengo que hacer.

Contaré un cuento.

Cuando estábamos en el *college*, mi madre se dio cuenta de que una inversión en bienes raíces nos sacaría del apuro económico. Sus ideas eran poco arriesgadas y muy modestas: comprarnos una casita de apartamentos, de las baratas y necesitadas de reformas, y así podíamos vivir de los alquileres. Después de varios meses, Mamá por fin encontró una casa que podríamos comprar, un edificio un poco destartalado que quedaba en la avenida. Tenía espacio para un comercio—ahí mi padre pondría su negocio— y dos apartamentos arriba que pagarían la hipoteca. Por fin mi madre se convirtió en una propietaria respetable.

Apenas acaban de mudarse los del tercer piso, empezaron a pagar el alquiler tarde. No era caro, eran unos cien dólares al mes. Pero cuando llegaba el primero del mes, les faltaban unos cinco o diez dólares para completar el alquiler. Pagaban y prometían que nos entregarían lo que nos debían la próxima vez que les pagaran, y de hecho lo hacían. Pero todos los meses pasaba lo mismo . . . nos entregaban la renta incompleta y, hasta el próximo viernes.

A Mamá no le gustaba que se aprovecharan de ella.

—¿Piensan que nosotros somos ricos? ¿O que no tenemos que pagar cuentas también?—Mandaba a Papá, que quedaba bien con todos. —¡Vete tú y habla con ellos! ¡Estoy harta!

Entonces subió Papá, y volvió al rato. Dijo, —Ya lo arreglé.

—¿Ya? ¿Y cómo?

—Les bajé la renta.

Mamá estaba al borde de un ataque de nervios. Pero entonces Papá le dijo, —¿No te acuerdas de que para nosotros diez dólares era mucho en una época?

Mamá se quedó callada, como si se hubiera acordado de milagro. ¿Quién hubiera pensado que Papá fuera capaz de tal ingeniosidad? Por naturaleza no era un hombre tan listo. Pero ahora me inspira a mí una creatividad que jamás me hubiera imaginado.

No quiero hacer una representación idealizada de mi padre. Un Gandhi no era. Vivía aterrorizado de los que no eran como él. Nunca leyó un periódico y era tan inocente que se creía la versión de la historia que nos contaban por televisión. Y como siempre me recuerda mi madre, tampoco era el marido perfecto. Pero era muy bueno y a veces extraordinario. Era un padre maravilloso.

Quizás yo me haya equivocado de líderes. Quizás lo que necesitamos este año nuevo sean unas ideas extravagantes. Algo absurdas y geniales, como las de mi padre. Su bondad y generosidad me han enseñado a abrirme el corazón.

Quizás ya sea hora de bajar el alquiler.

"Dame un poquito de tu amor siquiera, dame un poquito de tu amor nomás . . ." Desde que ha empezado el año nuevo, tengo metida esa canción. Y mi padre no para de cantarla. Lo siento. Lo vivo.

Papá, Budha, Alá, Jesucristo, Yahweh, Virgen de Guadalupe, Universo, Dios—el que llevamos dentro—ayúdenos. "Denos un poquito de su amor siquiera, denos un poquito de su amor nomás . . ."

Piri Tomás

Piri Tomás es autor de las clásicas memorias Down These Mean Streets *(Vintage) y de otros libros:* Savior, Savior Hold My Hand *(Doubleday),* Seven Long Times *(Arte Público Press) y* Stories from El Barrio *(Knopf).*

UN ÁRBOL DE NAVIDAD

SÓLO FALTABAN dos semanas. Sólo dos, y llegaría la Navidad. Era el 1938. Yo tenía diez años y vivía en Harlem con mi familia. Las Navidades eran sagradas para los cristianos devotos entre nosotros, no importaba el color de su piel. Celebraban el cumpleaños de Jesucristo, que nunca conoció las comodidades modernas como el hospital. El pobre había nacido en un pesebre en un establo, porque no hubo lugar en el mesón. Papi, que sólo pensaba ver a un cura cuando estuviera a punto de estirar la pata, siempre proclamaba orgullosamente "Yo soy católico" cuando le preguntaban su religión.

Para los niños de El Barrio, las Navidades eran época de grandes expectativas e ilusiones. Soñábamos con una preciosa bicicleta amarilla de ruedas gordas globos o con unos patines nuevos. Yo tiraba indirectas todo el tiempo, intentando sugerirles a los mayores lo que quería de regalo. Le escribía a Santicló con mis pedidos, siempre mandándole recuerdos para su esposa por si ella me pudiera mejorar mis posibilidades. Pero la verdad era que nadie me hizo caso. A los niños de la familia Tomás siempre se les regalaba algo, pero nunca precisamente lo que habíamos pedido. Nuestras sonrisitas valientes y forzadas, siempre acompañadas de una lagrimita, eran para demostrar que estábamos conmovidos de alegría al recibir los regalos. Pero a Mami no la podíamos engañar. Nos recordaba dulcemente que teníamos que sentirnos muy agradecidos de haber recibido regalos porque a la mayoría de los niños del gueto no le regalaban nada. La vida era muy dura; había mucho desempleo en esa época. Las filas en la sociedad beneficia Catholic Charities eran larguísimas, y no sólo había católicos. La Casita María de la 110 repartía mantas, ropa de invierno y comida, y la Fundación Heckcher de la 104 también les daba zapatos y ropa a los pobres. Hasta el cuartel de policía del distrito 23 en la calle 104 les regalaba juguetes a los niños del barrio, aunque luego nos fastidiaran el resto del año. Mami nos besó y abrazó muy cariñosamente y nos dijo que deberíamos darle las gracias a Dios que Papi trabajaba en un almacén de juguetes ya hacía dos años. Con una sonrisa, le aseguré que sí estaba muy agradecido, pero mis pensamientos dijeron: —Sí, Mami, pero en el almacén no tienen ni bicicletas amarillas de ruedas gordas ni patines para profesionales.

El jefe de Papi era Míster Charles. Papi trabajaba de inspector de juguetes; separaba los defectuosos del inventario. Pero también, y con mucha distinción, era empaquetador y portero. Papi nos había contado que el jefe se consideraba buen tipo y entonces en las Navidades a él y a los otros trabajadores les permitía llevarse los juguetes defectuosos para sus niños. Pero los juguetes que nos había traído el año pasado estaban nuevecitos, con la excepción de uno. Años después, nos enteramos de que Papi, como todos los padres, quería lo mejor para los hijos. Entonces llenaba unos sacos de juguetes que estaban en perfectas condiciones, y encima de éstos ponía algún juguete de los dañados, por si acaso. Esto nos hacía muy felices a los niños, sobre todo al amanecer del Día de Navidad cuando veíamos los tesoros que nos esperaban debajo del árbol. Claro que Papi no quería que Mami se enterara de la pequeña trampa, porque ella era cristiana y no le hacían ninguna gracia los engaños.

Faltaban sólo cuatro días para la Navidad y todavía no teníamos árbol. Papi todavía no había recibido el par de dólares que el almacén les regalaba a todos de los empleados para Navidad. Cuando por fin se lo dieron, llegó a casa y anunció que era hora de ir a comprar el árbol y si queríamos acompañarlo. Los cuatro empezamos a brincar y gritar, aprovechándonos de cualquier cosa para regocijarnos. Miré por la ventana que daba a la calle. Todo estaba cubierto de una manta de nieve que seguía aumentando suavemente. —Abríguense—nos advirtió Mami, y nos transformamos en esquimales en muy poco tiempo, con bufandas que nos envolvían hasta la cara. Cuando salimos corriendo al pasillo medio oscuro y bajamos ruidosamente por las escaleras de dos en dos, oíamos a Mami diciéndole a Papi a gritos que no se volviera loco y gastara demasiado dinero en el árbol.

Los cinco salimos y nos encontramos con un mundo blanqueado y silenciado por la nieve. La nieve nos parecía una delicia, estaba como para comérsela. Podríamos hacer bolas de nieve y echarles almíbar de frutas para luego comerlas como si fueran piraguas. Papi exclamó, —Vaya, niños, ¿no es una vista bellísima? —Estábamos tiritando de frío pero lo de las piraguas nos pareció una idea fantástica. Había muchas familias con niños acercándose a la Tercera Avenida, que estaba iluminada con millones de lucecitas de colores desde la 104 hasta la 125. Los altaparlantes enganchados en las fachadas de las tiendas rebosantes de mercancía emitían canciones navideñas como "I'm Dreaming of a White Christmas", "Joy to the World" y "Hark the Herald Angels Sing" alternando con anuncios en inglés y en español prometiendo tremendas gangas de más de cincuenta por ciento, además de crédito inmediato.

Mi hermanito José estaba loco por llegar al solar vacío en la Segunda Avenida donde vendían los árboles, porque le había tocado a él escoger el árbol. Llegamos y había árboles de todo tamaño y de todo tipo. Papi nos llevó a la sección donde estaban los de tamaño medio, aunque la verdad era que había muchos medio flacos entre ellos. Todos seguimos a Papi, todos menos José, que se había desaparecido. Nos echamos a correr buscándolo. Yo temía que lo hubieran secuestrado y que nos lo devolverían a cambio de un gran rescate. Nuestra hermanita nos quitó eso de la cabeza, señalando que nos acercáramos adonde estaban los árboles más altos y densos. Y ahí encontramos al pequeño José, maravillado, mirando uno de los más caros y mejores árboles. Vi la cara de Papi y recordé la advertencia de Mami. Y José, con una tremenda sonrisa en la carita, señalaba un árbol que a él le debió haber parecido una secoya gigantesca de esas de California. Papi le ofreció un *hot dog*, que a José y a todos nosotros nos encantaban, pero José ni se movía. Ya le empezaban a temblar los labios y se le estaba cansando el dedito de tanto señalar. Justamente antes de que empezara a llorar, mi otro hermano, Frankie, mi hermanita y yo empezamos a mirar a Papi con cierta impaciencia, aunque el pobre estaba entre la espada y la pared. Pues hizo lo que tenía que hacer: recogió a José, se lo sentó en los hombros y dijo, hablando duro para que todos lo oyeran: —Oiga, señor, ¿cuánto quiere por este árbol? —Los ojos de Papi le suplicaban al negro que no fuera mucho, porque quería complacer a sus hijos, sobre todo al pequeño.

El negro, un señor mayor (para nosotros) de unos treinta años, le echó una mirada al árbol, frunciendo el ceño como si estuviera a punto de hacer una decisión muy importante. Papi por fin le preguntó: —Bueno señor, ¿qué precio me puede dar? —Y entre dientes le dijo—: Ya sabe, si es muy caro, no voy a poder comprarlo. —Yo los miraba a todos fijamente, con sus caras solemnes. José ya iba preparando las lágrimas, por si fuera demasiado caro.

—Pues señor, este árbol vale como diez dólares.—Nos quedamos con la boca abierta. En el 1938, diez dólares representaban dos meses de alquiler y varios de comida. El arroz y las habichuelas sólo costaban cinco centavos por libra. Papi, desconsolado, movió la cabeza negativamente. No se atrevía a mirar a José, que ya se estaba mordiendo los labios con disgusto. El negro le preguntó a Papi cuánto tenía. Papi le contestó que tenía un billete de cinco dólares, del cual tenía que guardar por lo menos dos para la cena de Navidad.

Papi se agachó al lado de José y le ofreció un trato;—¿Y si nos llevamos un árbol más pequeño y te quedas tú con un dólar? —José dio la negativa y siguió señalando el gran árbol, el elegido que ya se había convertido en *su* árbol. Papi se paró y le preguntó al negro si podían hacer algún arreglo.

—Bueno, pues si usted me echa una mano en el negocio mañana, se lo puede llevar por tres dólares. ¿Qué le parece?

—Trato hecho—dijo Papi, dándole la mano al señor—. Me llamo Juan, pero me dicen Johnny.

—Y yo soy Matt—le dijo el otro. Y así fue. Papi le entregó el estrujado billete de a cinco y Matt le devolvió dos. A José le cambió la cara y nos puso una de sus famosas sonrisas, y los demás aplaudimos victoriosamente.

Los cinco regresamos a casa, luchando con el enorme árbol por aquella nieve. Llegamos a nuestro edificio, el número 112 de la calle 104 del Este. Vivíamos en el último piso y de pronto se le ocurrió a Papi que el pasillo era demasiado estrecho y que las vueltas de las escaleras, peor todavía. Intentamos meter el árbol por el pasillo, pero fue imposible, a menos que hubiéramos querido despojarlo de sus ramas. Ya se habían acercado los vecinos a saludar a Papi y a felicitar a José por su selección. Luego empezó el debate: ¿Cómo íbamos a subir el árbol? ¿Y cómo iba caber un árbol de doce pies en nuestro apartamento que medía nueve del suelo al techo? Algunos nos sugirieron que amarráramos bien el árbol con una soga y que lo subiéramos así, apretándolo bien y torciéndolo por las curvas de los pasamanos. Papi escuchaba las sugerencias de los hombres, cuando de pronto bajó Mami para ver lo que pasaba en la calle. Ya había un gentío. En pocos minutos Mami estudió la situación y sugirió vivamente: —¿Por qué no lo amarran con una soga, lo suben por la fachada del edificio y lo metemos por la ventana? —Todos estaban de acuerdo y alegremente dijeron que la sugerencia de Mami había sido la mejor. Pancho, que tenía una camioneta, se fue y volvió con una soga larga y resistente y una polea. Él y Papi subieron al apartamento y amarraron la polea al costado de la salida de incendios, dejando colgada la soga hasta la calle. Aquello se convirtió en una fiesta. Los que estaban en la calle habían salido con café, y con ron para los que más frío tenían. Parecía que ahí todos tenían mucho frío. Luego amarraron el gran árbol con la soga. Papi dirigía la maniobra desde arriba y Mami desde la calle. Frankie y mi hermanita vigilaban a José, que observaba el espectáculo encantado de la vida. Empezaron a aparecerse más vecinos en las salidas de incendio. Ayudaron a subir y guiar el árbol hasta que llegó al quinto piso sin haber perdido ni una rama. Por fin Papi y Pancho agarraron el árbol y lo hicieron entrar por la ventana. Aplausos y gritos de alegría acompañaron la gran hazaña. Había sido un triunfo de la solidaridad de los vecinos.

Después de tanto esfuerzo, nos dimos cuenta que el árbol no cabía en el apartamento. Pero Papi no se dio por vencido, y se puso a medir el árbol cuidadosamente. Pancho trajo el serrucho y le cortó unos tres pies. Ahora el árbol era de tamaño ideal y además, lo que le sobraba también era perfecto: sería el mini-árbol de Navidad de la Abuela Santiago. Vivía en el piso de abajo y había adoptado a casi todos los vecinos. Mami nos mandó a su apartamento, acompañándonos con luces y adornos. José llevaba el arbolito. Dejamos que él y la Abuela se encargaran de adornar el árbol. Cuando terminaron, la Abuela nos dio la bendición. Pensé que de veras íbamos a pasar unas Navidades muy buenas este año.

Al amanecer el día de Navidad, mis hermanos y yo salimos de la cama disparados para ver lo que había debajo del árbol de José, que estaba adornado con muchas lucecitas brillantes de colores que se prendían y se apagaban. ¡Qué sorpresa y qué alegría! Ahí estaban, para que todo el mundo los vieran, unos patines de los que usaban los profesionales. Me dio igual cuando los examiné más de cerca y me fijé que eran de segunda mano, de la tienda del Salvation Army. Eran de profesionales. Y era lo único que me importaba. Vaya, podría ser que el año proximo nos traería la preciosa bicicleta amarilla de ruedas gordas. Empecé a gritar—¡Feliz Navidad!— y mis hermanos hicieron lo mismo. Luego los niños de todo el edificio subieron y bajaron las escaleras y corrieron por los pasillos, gritandose *Merry Christmas* y Feliz Navidad. Punto.

Judith Ortiz Cofer

Judith Ortiz Cofer nació en Hormigueros, Puerto Rico. Ha sido becaria del National Endowment for the Arts y la Witter Binner Foundation. Es autora de una novela, The Line of the Sun *(University of Georgia Press), dos colecciones de prosa y poesía,* Silent Dancing: A Partial Remembrance of a Puerto Rican Childhood *(Arte Público Press) y* The Latin Deli: Prose and Poetry *(W. W. Norton), de dos poemarios,* Terms of Survival *(Arte Público Press) y* Reaching for the Mainland *(Bilingual Press), y de un libro de cuentos para adolescentes,* An Island Like You: Stories of the Barrio *(Penguin). Es profesora de inglés y dirige talleres de creación literaria en la University of Georgia.*

DE REGALO, UN CUENTO

VOY A HACERLES el cuento de un cuento, un cuento que me regalaron una vez, y luego otra . . . Erase una vez una chica de trece años, una chica como la Cenicienta. Su príncipe azul le hizo un regalo, un regalo misterioso que ella misma tuvo que descubrir . . .

Yo tenía trece años en aquel entonces. Me sentía como la Cenicienta. Nadie me hacía caso. Nadie se preocupaba por cumplir mis deseos. Ni siquiera las hadas madrinas. Me imaginaba que ellas me iban a regalar una vida nueva, una vida repleta de aventuras. La varilla mágica de las hadas me traería todo lo que soñaba, y también lo que aún no había soñado.

Me pasaba mucho tiempo en los mundos ideales de la ficción que encontraba en la biblioteca pública de la ciudad de Paterson en New Jersey. Yo ya había leído aquellos relatos en los que la virtud femenina se premia con la llegada del príncipe azul, seguida de una suntuosa boda. Algo milagroso, maravilloso me iba a ocurrir. Ya estaba preparada. Con el tiempo, vendría todo: un vestuario elegante, una invitación a una gran fiesta y, por fin, el amor. Desgraciadamente no había muchos príncipes en el panorama inmediato, y yo tampoco era la chica más deseada. En el colegio sí había muchas princesas, italianas e irlandesas, y yo sabía que yo no figuraba nada en ese cuadro social. Ese año estaba yo en plena crisis de inseguridad adolescente: era muy flaca y todos se burlaban de mí. Además, yo era la chica nueva, una de sólo dos puertorriqueñas recién llegadas a ese mundo pequeño, homogéneo y claustrofóbico del colegio. Para colmo de desdichas, descubrí que tenía que usar lentes, de esos gruesos de ciegos o anormales, con la montura negra, práctica y resistente. Eran tan pesados que a las dos semanas de estrenarlos ya tenía una marca permanente en la naríz. Pensaba que podría compensar mi falta de gracia física concentrándome en el desarrollo de las habilidades intelectuales y verbales. Estas estrategias funcionaban perfectamente con mi familia, que valoraba la facilidad verbal, pero no en el colegio con mis compañeros. A éstos no les interesaba ni la elocuencia ni la agudeza intelectual en una chica, sobre todo si no iban acompañadas de un cuerpo bien formado y una posición social elevada.

El cuentista de la familia se apareció en esas Navidades. Era el hermano menor de mi madre, la oveja negra que vivía en Nueva York. Llegó con una retahila de cuentos—de la familia, de sus viajes, de sus desgracias y de sus triunfos, de su vida de mujeriego. Lo encontraba muy atractivo, y yo sabía que sus historias eran lo que me seducía. La casa se llenó de palabras, de viejos y nuevos cuentos y de música. El tío era un tremendo cuentista, y además le encantaban la música y el baile. Él y mi madre bailaban al son del último merengue de la Isla—que conocía él antes de que nadie se enterara. Siempre estaba al tanto de todo. Traía los discos, tan valiosos para él como nuevos y brillantes tesoros de cristal envueltos en periódicos viejos. Mi tío era el espíritu de la Navidad que impregnaba la casa con leves brisas tropicales y dionisiacas. También le encantaba su palo de ron. Desgraciadamente, sus visitas duraban tan poco como las Navidades, porque su tren de vida—el caos de solterón y seductor y fiestero empedernido— pronto cansaba a mi madre.

Creo que ese año, mi tío se fijó en mi soledad. Se dedicó a pasar largos ratos conmigo durante la semana antes de Navidad. Dábamos paseos por la ciudad gris, fría y emperifollada. Con su vestuario navideño de luces y adornos, parecía una mujer vestida de lentejuelas de arriba abajo. Una noche, me llevó a la pizzería del centro y me preguntó qué tal me iba la vida social. Yo le conté que el príncipe azul todavía no había llegado a Paterson.

—¿Y para qué necesitas un príncipe para divertirte? —me preguntó mi tío, burlándose cariñosamente de mí. Él no era como los otros familiares, ni como los otros mayores —él realmente me escuchaba. Luego comprendí que así aprendió a ser cuentista: escuchando las revelaciones de los demás, reflexionando y añadiendo y por fin tejiendo su propia historia. Me dijo que yo había heredado el don familiar de saber contar de mi abuela y de él. El tío no era como los otros parientes que nos halagaban y mimaban a los niños de forma indiscriminada y carente de sinceridad. Yo se lo creí. Además era cierto, yo sabía contar muy bien. Mi madre ya me había advertido que el encanto del tío era precisamente el saber manejar las palabras para lisonjear y persuadir. Y que era lo que siempre lo metía en líos. Yo también quería tener ese poder. A mí también me seducía el poder y la magia de las palabras.

Lo atractivo del tío no era su físico, no era un adonis. Era más bien bajito, moreno y delgado con una cara de rasgos taínos. Pero era generoso, hasta al exceso. Mi familia no soportaba que fuera tan temerario, tan arriesgado en sus aventuras. Pero lo adorábamos sobre todo por su bondad, por los sacrificios que había hecho por nosotros, sacrificios tan reales como los cuentos y chismes sobre su vida amorosa complicada.

Volví a la realidad y le dije: —Creo que estaba pensando en la Cenicienta. —No quería que pensara que yo fuera una niña, quería que él me entendiera como nadie. Añoraba un poco de la magia y el hechizo de su vida. Estaba yo en la encrucijada entre una niñez sobreprotegida y los anhelos que definen la adolescencia; mis sueños e ilusiones estaban enredados con las fantasías y los mitos de los cuentos de hada. El premio era siempre el príncipe azul, esto lo aprendí muy bien.

—La Cenicienta esa tiene la culpa de todo—me respondió él. —Por ella estamos los hombres en estos líos.

Estábamos pasando por el Woolworth donde mi madre compraba las novelitas sentimentales de Corín Tellado, las que yo también leía con avidez. Mi tío me tomó de la mano y entramos. El estante giratorio donde estaban las novelas parecía un árbol de Navidad romántico. Había parejas besándose apasionadamente en todas las portadas.

—¿Ves lo que leen las mujeres? —Tío hizo girar el estante y de pronto aquello parecía una cinta de película llena de imágenes de besos y abrazos y palabras: "la pasión", "corazón y alma", "besos" y el estribillo "amor, amor, amor".

—Mami las lee —dije— y a veces yo también. —La verdad era que Mami me había asignado la tarea de memorizar los títulos de las que ya había leído, para luego mandarme a comprarle las nuevas que iban llegando.

—Todas son versiones del cuento de la Cenicienta. Todas. —Tío le dio otra vuelta al estante—. El argumento siempre es el mismo: una chica pobre o desgraciada conoce a un hombre rico e inalcanzable. Después de pasar mucha angustia y vencer obstáculos, el hombre se da cuenta que el zapatito de baile sólo le sirve a la muchacha en la que nunca se había fijado por los trapos que llevaba. Si el tipo es alcóholico, deja de beber; si es tacaño, se vuelve generoso; si es bajo y gordo . . .

—¡Ya sé! ¡Ya sé! Si es bajo y gordo . . . se vuelve alto y delgado.

—O por lo menos aprende a comportarse como si fuera perfecto.

—¿Y qué hay de malo en eso?

—¡La vida no es así! —Al contarme que las expectativas de la Cenicienta y las de las mujeres de verdad no tenían nada que ver con la realidad de los seres de carne y hueso, ni siquiera cuando estaban enamorados, mi tío de pronto se volvió muy serio, algo raro en él.

Pero yo ya no lo oía. Lo sentía. Al acercarse para darme un beso, mi tío gracioso y encantador olía a lo prohibido—a alcohol y a cigarrillo, y a otras cosas, a otros vicios que yo todavía desconocía. Y por esto me parecía tan seductor, a mí, a la niña buena católica esperando a la vida. Él era el misterioso de las novelas. Lo encontraba mucho más interesante que a mi padre trabajador y aburrido, o a los otros parientes. No sabía yo en ese momento que él también vivía y viviría sus tragedias: una larga batalla con el alcoholismo, y después con un cáncer de garganta que silenciaría su voz seductora para siempre, antes de que él tuviera unos años más de los que tengo yo ahora.

Recuerdo el paseo que dimos una noche por el centro, donde las fachadas de las casas y las tiendas estaban adornadas para las Navidades. Mi tío se había inventado un juego de preguntas: ¿Quería yo esto o lo otro de regalo? ¿Quería la muñeca *Thumbelina* que parecía un bebé de verdad? No, pero el año pasado era lo que más deseaba. El año pasado una de las abuelas que vivía en Puerto Rico me había mandado una muñeca muy dura y muy tiesa, y mis padres habían decidido que ya bastaban las muñecas para mí. Sólo el tío entendía que la *Thumbelina* era suave como un bebé de carne y hueso. Los dos habíamos ido a la tienda de juguetes y cogimos a *Thumbelina* en los brazos como si fuera un bebé. No me la había comprado porque aquel año fue uno de sus años pobres y duros. Estaba sin trabajo, aislado en casa de algún pariente, intentando dejar el alcohol, esperando poder ahorrar algún dinero para poder volver a la Isla. Pero este año era uno de los buenos, tenía dinero para comprar regalos. Me preguntó si quería joyas. Nos acercamos a una joyería y miramos las chucherías que habían en la vitrina. Tampoco me interesaban mucho. ¿Ni un azabache para protegerme del mal de ojo? No. Me reí. Era yo demasiado sofisticada para esas tonterías y supersticiones. Le pedí que su regalo de Navidad fuera una sorpresa.

Toda esa semana antes de Nochebuena la pasé a su lado, asimilando lo que veía y sentía: su presencia mágica y masculina, el cambio en el rostro de una mujer cuando él la miraba con sus ojos negros, los olores que sugerían su vida nocturna cuando me daba un beso al despedirse, los movimientos felinos con los que cruzaba el umbral, camino a la calle . . . También recuerdo sus regresos . . . su cara de madrugada, el gesto que revelaba algo de lo que había vivido en esa larga noche, mientras los otros dormíamos y soñábamos con esas otras vidas . . . las que no teníamos.

Mami ponía cara de molestia tomando el primer café. Pero luego, cuando Tío contaba algún chiste o nos hacía algún cuento que había oído—o vivido—la noche anterior, Mami ya no lo podía remediar y se echaba a reír como una niña. Yo conservé esos cuentos en la memoria, y los sacaba como vestidos de gala que me alegraban los momentos más solitarios de la vida. Me consolaron y me alimentaron, tal como habían hecho para mi madre, que necesitaba oír palabras en español siempre, y sobre todo los primeros dos años que pasamos aquí. En ese momento yo todavía no sabía que el tío contaba sus historias para que le dedicaran tiempo y le dieran cariño.

—Mira, la cosa fue así . . . —Se sentaba a la mesa de formica con mi madre, los dos fumando y tomando café. —La muchacha necesitaba atención . . . y es lo único que hice, le presté atención. Y te lo digo desde ahora para que no pienses que soy tan sinvergüenza como tú te piensas. Esta es la verdad, la pura verdad.

Esta frase se convirtió en el chiste familiar. Cuando cualquier familiar empezaba un cuento diciendo que era la pura verdad, igual que hacía Abuela como prólogo a sus cuentos, todos sabíamos que iba a ser un disparate. O un enredo a todo lo alto.

—¿Y cómo iba a saber yo que estaba casada? Lo único que te puedo decir es que sus ojos negros me estaban llamando desde el otro lado del bar . . . y me decían "socorro, ayuda, sálvame de esta soledad . . ."

—Pues tenía unos ojos muy elocuentes—decía Mamá en un tono de seriedad burlona.

—¿Y qué se supone que yo hiciera? ¿Cómo no iba a contestarle sus socorros silenciosos?

—Hombre, ya se sabe lo que hay que hacer si unos ojos te llaman pidiendo socorro . . . —Mi madre siempre hacía el papel de la seria y le salía muy bien. Sus intervenciones eran parte fundamental del montaje. Los chistes y los cuentos de mi madre y mi tío eran como comedias improvisadas entre dos actores que sabían bien sus papeles.

—Hice lo que cualquier hombre sensible hubiera hecho. Bailé con ella un poco. La invité a un trago. Le pregunté si quería que yo la acompañara a su casa. Ya sabes cómo son las calles de esta ciudad . . .

—Claro, lo único que hay es delincuentes —dijo Mami.

—Precisamente. Pues me da las gracias, de paso contándome que su prometido estaba a punto de llegar del trabajo. Ay, ¡pues mira qué casualidad! Estaba el susodicho ahí en la entrada. Y ¿sabes qué? ¡Era igualito al *King Kong!* Hija, pues tenía vello negro de pies a cabeza, además era un tipo enorme que casi no cabía por la puerta. Menos mal que era así . . . me dio tiempo a terminar el baile con la señorita rapidito.

—¿Y ese chichón que tienes en la frente, hermano? ¿Cómo fue? ¿Te diste un golpe al salir?

—¡Ay bendito! Un regalito de *King Kong*. Es que como no había por donde escaparme . . . Para ser gorila, era muy rápido el tipo. Lo único que sentí fue la botella de Bacardi que usó de arma.

—No fue una pérdida total, parece que el ron te entró por los poros y se te fue directamente al coco. —Mami y yo ya nos reíamos como locas.

Yo escuchaba y pensaba. Me di cuenta de cómo los cuentos y el humor, el regocijo de contar y la risa, marcaban una tregua en el campo de batalla cotidiano. Mami y el tío tenían la capacidad de reírse de sus penas, y de transformar un episodio cualquiera en una aventura.

AL LLEGAR LA NOCHEBUENA la familia se reunió en la sala. Mi madre y yo habíamos encerado el piso de linóleo verde y quedó como un espejo que reflejaba las luces y los adornos del árbol, que perfumaba la casa de pino. Mami me había prestado un vestido rojo de salir y unos tacones. Parecía una muchacha de dieciocho, pensaba yo. Puse un disco pachanguero de los de mi tío y me senté a esperar su llegada—y la de mi regalo— impacientemente. Yo me imaginaba que iba a ser algo de ensueño, algo mágico.

Cuando por fin apareció el tío, con una bolsa llena de regalos y una rubia (de botella), ya era tarde. Después de saludarnos—besos para sus hermanas y un saludo para mí desde el otro extremo de la sala—y desearnos a todos felices fiestas, se fue con su rubia a continuar el jolgorio en otro sitio. Mi madre y las tías se miraron con caras de leve desaprobación; el nuevo capricho de su hermano no las había agradado mucho. Los tacones me molestaban, así que ni siquiera bailé. Me puse a leer una de las novelitas de mi madre. A eso de las doce, me dieron los regalos. Había, entre otras cosas, una cajita de perfume—sin envolver—y una tarjeta de Tío. El perfume era Tabú. La postal decía: "La Cenicienta de nuestro país no consigue al príncipe azul. Pero sí consigue otra cosa. Este cuento me lo hizo una mujer hace tiempo. Quizás puedas encontrarlo en la biblioteca o pedirle a la abuela que te lo cuente la próxima vez que vayas a verla".

A mi madre, el perfume le pareció muy fuerte para una chica de mi edad y no me dejaba usarlo. El regalo me desilusionó, pero de vez en cuando me ponía un poco. Descubrí que su fragancia de flor marchitada me estimulaba la imaginación; podía crear versiones imaginarias —y posibles—de mí misma. Me fui dando cuenta que nadie nunca me regalaría un perfume así.

No encontré el cuento de la Cenicienta puertorriqueña por muchos años, por supuesto que no estaba en la biblioteca pública de Paterson, ni en otras por muchos años. Hace poco conseguí una antología de cuentos folklóricos puertorriqueños y ahí estaba la Cenicienta. En el relato puertorriqueño, hay tres hadas madrinas que premian a la Cenicienta por su bondad y generosidad. Y el premio no es el príncipe azul, sino el don de la palabra. Cada vez que abre la boca para hablar, le salen perlas y diamantes. La Cenicienta entonces descubre que tiene el valor y la ingeniosidad para resistirse al dominio de las infames madrastra y hermanastras y se deshace de ellas para siempre.

Cuando estaba yo traduciendo el cuento de la Cenicienta, mi madre me llamó para decirme que el tío se estaba muriendo de cáncer de garganta en la Isla. Habían vuelto los dos ya hacía años. Mami me contó que al tío apenas le quedaba voz, pero sí ese espíritu indomable. Sabía que le quedaba poco tiempo para decirnos las palabras que quería que no olvidáramos. Le pidió a mi madre que me escribiera para decirme que había leído mi novela, y que le encantó mi forma de contar. Me mandó la bendición, y para mí, ésta era una señal, esto significaba que había aceptado el regalo de mis palabras.

Flan de coco

PUERTO RICO

Esta receta nos llegó de Ada T. Rosaly de Ponce, Puerto Rico, la madre de nuestra querida amiga Eileen Rosaly. Cuando Ada va a Los Angeles para ver a su hija, siempre se le pide que prepare un flan, que por supuesto desaparece en nada de tiempo. La receta es de lo más sencilla. Aunque quizás nunca hayas hecho un flan, esta receta garantiza el éxito. Impresionarás a tus amigos con tus habilidades culinarias. No es un plato bajo de colesterol, pero al probarlo a nadie le importará este detalle.

EL CARAMELO

1 taza de azúcar granulado

LA CREMA

seis huevos

1 lata (12 onzas) de leche evaporada

1 lata (14 onzas) de leche de coco

1 lata (14 onzas) de leche condensada endulzada

1 cucharada de vainilla o una copita de ron o coñac

Precalentar el horno a 350 grados.

Azucarar una cacerola cuadrada o redonda (de unas 9 pulgadas de diámetro y 3 a 4 pulgadas de profundidad) a fuego lento, removiendo el azucar constantemente para que no se queme. Cuando el azúcar empiece a burbujear, retirar del fuego, coger la cacerola y tornearla para que el caramelo cubra bien la superficie uniformemente. Retirar y dejar enfriar.

Batir los huevos suavemente e ir añadiendo los otros ingredientes hasta que todo esté bien mezclado. Colar la mezcla sobre la cacerola azucarada. Colocar la cacerola en un recipiente que contenga más o menos 1 pulgada de agua (el agua debe llegar a la mitad de la cacerola). Hornear de 45 a 50 minutos o hasta que un palillo introducido en el centro salga limpio. Sacar del horno y dejar que la cacerola se enfríe. Para sacar el flan de la cacerola, introducirla en un recipiente de agua tibia. Sacarla e invertirla en un platón.

Esta receta da para 8 o 10 raciones.

Luis J. Rodríguez

Luis J. Rodríguez se crió en East Los Angeles. Es autor de un premiado libro de memorias, Always Running: La Vida Loca, Gang Days in L.A., *y varios poemarios. Ha ganado el Lila Wallace–Reader's Digest Writer's Award y una Lannan Fellowship. Es jefe de redacción de Tía Chucha Press, una editorial especializada en poesía, radicada en Chicago.*

COLORES QUE RESPIRAN Y DESTRUYEN, COLORES QUE SE INFILTRAN EN EL CUERPO

En memoria de Diego Rodríguez

LOS BOLEROS DEL Trío los Panchos y Augustín Lara sollozaban en la sala empanelada de madera. La casa de Diego resplandecía. Era Navidad . . . el pino adornado de lucecitas relucía y los regalos envueltos en papeles de colores brillaban amontonados en un rincón. Lo que sabía yo de las fiestas lo aprendí de Diego, el esposo de mi media hermana Seni. Diego tenía una energía que iluminaba la casa, el centro de toda celebración, el bufón de la corte Rodríguez.

Diego era como un padre, la otra figura masculina que nos orientaba. Era el que siempre estaba pendiente de satisfacer nuestros gustos infantiles—nos llevaba al parque, al cine en los teatros *drive-in*, a cenar en el *diner* del pueblo.

Cuando todo estaba melancólico, oscurecido y tenebroso, él era la luz. Cuando la crueldad imperaba, él era la bondad. No recuerdo jamás a Diego enfadado; a veces estaba desconcertado, a veces duro, pero nunca enojado.

Al principio las células se mutan, transformándose en una constelación de estrellas malignas, dividiéndose y multiplicándose, corrompiéndolo todo. Son como un delito, como una perversión de genes que la industria, la contaminación, los cigarrillos y los alimentos repletos de sustancias químicas letales nos han otorgado. Las células, palpitando bajo los tejidos, naciendo y destruyendo a la vez, son como colores, colores que respiran y destruyen, colores que se infiltran en el cuerpo.

Mi familia se quedó sin casa una breve temporada. Fue después de haber perdido nuestra casa—el banco nos hizo un juicio hipotecario por incumplimiento de pagos—en Reseda, donde habíamos vivido un año. Eramos una de las primeras familias mexicanas en esa zona del Valle de San Fernando. Mi padre había perdido su trabajo y se había declarado en quiebra económica. Nos habían quitado todo. Volvimos a la zona South Central de Los Angeles, donde habíamos llegado al dejar la Ciudad Juárez de México, cuando yo tenía dos años. En esa época, no había refugios para los desamparados como los hay ahora. Dormíamos en las salas de comadres, de amigos, turnándonos de casa en casa, nunca en el mismo sitio más de un par de noches. En un momento dado, mi madre tomó la decisión de regresar con los niños a México—aunque hubiera tenido que irse sin mi padre, prefería eso a quedarse en Los Angeles sin donde caernos muertos. Pero al llegar a la Union Station, mi pobre madre cambió de idea, la cara bañada en lágrimas.

Después de eso, nos fuimos a vivir con Seni en su pequeño apartamento de dos dormitorios en Monterrey Park, con Diego y las dos niñas. Durante un tiempo éramos once. Además de la familia de Seni, estaban mi abuela Catita, mis padres y nosotros cuatro. Los niños dormíamos en mantas regadas por el suelo de la sala. Hubo momentos buenos, y también momentos terribles. Discusiones constantes y tempestuosas, violentos portazos . . . Una noche, mi hermano Rano y yo salimos a la calle a escondidas. Tenía yo ocho años. Un niño podía escaparse desapercibido fácilmente en aquel tumulto.

Una noche, Rano y yo regresamos a la casa cuando ya había oscurecido. Había carros de policía delante del edificio. Los vecinos habían salido a la calle. Entramos y mis sobrinas y hermanas estaban llorando. Seni, después de una discusión violenta, le había clavado a Diego una lima de uñas en el brazo. Él estaba bien. Tan bien que le pareció la ocasión ideal para llevarnos a los niños al parque mientras los demás se tranquilizaban. Fuimos con Diego, que llevaba el brazo envuelto con gasa.

Permanecimos como un año en casa de Seni. Diego siempre trataba de mantener viva la tradición de Navidad, incluso cuando no había juguetes para regalarnos. No sé cómo, pero sobrevivimos a las tormentas. Un año en Navidad, una sociedad católica de beneficiencia nos envió un saco de comida, con un pavo y todo, y unos juguetes para los niños. Por lo menos cada uno tenía un regalo realmente suyo. Me emocioné tanto que rompí el pequeño submarino de plástico el primer día.

En la zona de East L.A., las casas estaban esparcidas bajo un velo de contaminación atrapado por el valle de las montañas de San Gabriel. Los gases tóxicos de todos los carros de la ciudad permanecían en el aire casi inmóviles. Los vientos arrastraban el veneno que se deslizaba, metiéndose en las casas por las ventanas y los escapes de aire. Los parques industriales—las funderías, las fábricas de tejidos, los almacenes de embalaje, las refinerías, los talleres de laminación, las líneas de montaje—impulsaban el nimbo tóxico por este Valle de la Muerte, conocido por la violencia de las pandillas, que a veces le disparaban a un pobre desde un coche en plena marcha. Pero lo que realmente aniquilaba vidas eran los "disparos" industriales.

El cáncer producido por la contaminación industrial del medio ambiente, nos dio en lo vivo. Mi padre se murió de cáncer del estómago en 1992. La hija de mi hermana Gloria sufrió de un cáncer de huesos. A Gloria le dio lupus, y otros males relacionados. Pero lo peor fue el caso de Diego.

La cuenca de Los Angeles tenía una de las concentraciones industriales más densas, sólo superada por las del Rhineland y las de Chicago. Cuando piensen en Los Angeles, no piensen solamente en las imágenes y los paisajes de Mickey Mouse, la Avenida Melrose y Muscle Beach—mundos creados por la gran red consumista encabezada por Hollywood y Disney. Pero hay otro Los Angeles, mucho más terrible, mucho más real. La zona de East L.A. es la otra cara de la moneda, la cara carcomida por el cáncer. Piensen en el otro paisaje, el de East L.A., con los altos hornos, las tiendas de corretaje ilegal, la peste del matadero del Farmer John. Piensen en el cáncer cultivándose y multiplicándose como el cactus espinoso del desierto. Piensen en Diego.

TODAS LAS MAÑANAS, las válvulas de aire extraen los efluvios tóxicos de las entrañas de las refinerías y fábricas y luego, con una gran exhalación, los dispersan por el Valle de La Muerte para continuar la labor de destrucción que consumió generaciones de familias, familias de Michoacán, Guerrero, Durango, Chihuahua, Sinaloa.

Diego empezó a trabajar de mensajero para una fábrica de pintura. Le caía bien a todo el mundo. Contaba chistes en inglés con muchísimo acento. Pero se expresaba con una seguridad que a veces comunicaba más lo que decía que las palabras. A la larga aprendió inglés, pero por muchos años sólo supo un par de palabras. Tuvo una época en que le llamaba *sugar* a todos. El humo y la ceniza del cigarrillo lo seguía a todas partes.

Era uno de los mejores trabajadores, de los más inteligentes, eficaces y cumplidores. Pronto lo ascendieron a puestos que normalmente estaban reservados para los anglos, a departamentos donde no se oía español y no se veía piel morena. Su estridencia no era una estrategia, sino un auténtico canto que resultaba emprendedor. Diego llegó a superar a los que mandaban. Lo aprendió todo: la composición química de la pintura, cómo podría cambiar instantáneamente, cómo la luz penetra lo incoloro y lo transforma en nuevos tonos. Después de unos años, Diego ya mezclaba y creaba colores; era el hombre detrás de los tonos nuevos y complejos que alegraban los cuartos de los niños y las salas de otros trabajadores con una hibridez de matices que bailaban como el neón.

UNA NAVIDAD CUANDO yo tenía como doce años, Diego me trajo mi primera bicicleta. Mis padres me la habían comprado y la habían escondido en un armario. Nunca sospeché nada. La bicicleta era un brillante *Stingray* azul con el asiento de cuero negro en forma de plátano. "¡De aquéllas!" Era de lo más chévere. Era la típica bicicleta *lowrider* que se llevaba en East L.A., la que les daba envidia a los demás. Pero mi familia nunca tenía dinero para comprármela. Yo había empezado un trabajito repartiendo periódicos por el barrio, en una bicicleta destartalada *ten-speed* que había encontrado y arreglado. Por fin, ¡una nueva bicicleta!

Esa noche, estacioné la bicicleta al lado de mi cama. Me quedé en vela toda la noche sin poder dejar de mirarla. La luz de la luna entraba por las ventanas y rebotaba en la bicicleta, produciendo un espectáculo perfecto de reflejos azul metálico. O quizás me lo imaginaba todo. No recuerdo cuándo por fin me dormí. Pero al alba ya estaba montado en la bicicleta, paseando.

La llevé a casa de un amigo y la dejé afuera en el césped. Me hice el fanfarrón, presumiendo de mi tesoro. Entonces entré por sólo un ratito. Cuando volví, ya no había bicicleta. ¡Me la habían robado! No me lo podía creer. Corrí por la calle, buscándola en cada patio, en cada callejón, en cada calle. Pero era inútil. No aparecía. Mi bicicleta maravillosa. Desaparecida.

No sabía cómo darles la cara a mis padres y a Diego. Nunca más vi aquella bicicleta. Y nunca conseguí otra. Seguí con aquella vieja y destartalada para repartir los periódicos. Pero nunca me olvidé de esa bicicleta. Nunca me olvidé de lo importante que me hacía sentir, la solidez y estabilidad que me otorgaba. Y nunca me olvidé del que había hecho el esfuerzo para iluminar mi vida, aunque fuera por un instante, un resplandor que me acompañó en los momentos más oscuros de la vida.

AL POBRE DIEGO le salieron tumores por todo el cuerpo. Tenía bultos en la garganta, en la cabeza, en las manos. La quimioterapia le había destruido el pelo. Estaba hinchado. Las toxinas, los tintes, los olores, los tonos y el humo, todos se habían transformado, creciendo y autoalimentándose. Su aspecto era peor que el de cualquier criatura de ciencia ficción.

Por última vez, Diego se reunió con la familia, todos mirando las películas caseras de ocho milímetros que había hecho a través de treinta años: los cumpleaños, las Navidades, las excursiones a las playas, a los parques de atracciones, a México. Yo ya tenía treinta y ocho años, Diego cincuenta y cuatro. Estuvo de buen humor hasta el final, contando chistes, arrastrando los pies a lo Cantinflas en las horas más duras de su vida. Ni en mis momentos de mayor confusión me criticaba. Siempre buscaba motivo de tocarme el pelo cariñosamente.

Unos años antes de morirse, mucho después de que yo me había mudado de Los Angeles a Chicago, Diego vino a una asamblea de químicos de pintura. Lo tenían encerrado en un Hilton en el centro, y se sentía fuera de lugar. Había un cuchitril de esos, un Taco Loco cerca del hotel en una zona tétrica del *Loop*. Diego me llamó para que nos viéramos, pero no en el Hilton.

—Nos vemos en el Taco Loco—dijo él.

Cuando llegué, un pobre desgraciado sin hogar estaba tirado en la acera, un borracho me pidió dinero y unos mexicanos—trabajadores en el hotel—esperaban en la parada de autobús. Diego ya estaba comiéndose el taco, ya se había quitado la chaqueta y la corbata. El plato estaba rebosante de salsa. Fue la última vez que lo vi en buen estado.

LAS CENIZAS DE DIEGO se enterraron en una vasija. El día del entierro una de sus nietas se emocionó cuando los enterradores le dieron una palmadita a la tierra con la pala.

—¡No entierren a mi abuelito! —dijo la niña, gritando.

El dueño de la fábrica de pintura asistió al funeral. Llegó en limosina. Algunos se quejaron que no tenía ningún derecho de estar ahí. Otros dijeron que el tipo realmente apreciaba a Diego. Recordando cómo hubiera reaccionado Diego, puede que los dos tuvieran razón.

Diego sabía aniquilar la melancolía con la risa, el canto y aquellas películas caseras. Todavía no he pasado yo una Navidad sin recordarme cómo decía mi nombre al darme mis regalos, cómo los repartía, cómo llegaban a esas manos vacías y ávidas. Me acuerdo que en esa época la Navidad no tenía tanto que ver con lo material, sino con los seres extraordinarios y los sentimientos que compartían.

Rosario Morales

Rosario Morales nació en la ciudad de Nueva York de padres puertorriqueños. Se crió en Manhattan y el Bronx y "regresó" a Puerto Rico a los veintiún años. Ahora vive en Cambridge, Massachusetts, y escribe ficción, poesía y memorias. Su obra se ha publicado en varios antologías: This Bridge Called My Back, An Ear to the Ground *y* El Coro.

NO VOLVÍ A CASA (NAVIDAD 1941)

OÍA EL ALBOROTO en el pasillo que daba a la sala de niños, las enfermeras discutiendo en voces bajas y molestas, la voz de él, profunda e insistente. Sabía que él habia venido para llevarme a casa aunque no tenía que irme hasta el dia siguiente. Ni siquera era hora de visita. Era domingo por la mañana. La luz del sol se derramaba por las ventanas a lo largo de la sala. Ya no se oían los ruidos de la mañana. Ya se había acabado el cepillar de dientes, las inyecciones y las pastillas, el alboroto de platos y cucharas, la verguenza de usar el bacinillo al lado de la cama. Ahora estaba gozando la calma, acostada tranquilamente en la luz del sol, mirando al bebé encerrado en el cuarto con paredes de vidrio, riéndome de las muecas que le hacía la niña enferma de leucemia al pobrecito al otro lado del cristal. Ya mismo llegaría la mujer con el delantal de rayos color de rasa con juquetes y rompecabezas, libros y tarjetas. Lo único que me preguntaba era lo que iba a comer de almuerzo.

Papi me dio un abrazo incomodo, me besó, y me dijo, "Ven, m'hijita.

Vente, nos vamos". Yo no me moví, no me puse el traje de flores azules que él traía en una bolsa de papel. Lo miré, tratando de decirle no, pero sin saber cómo hacerlo. No habia tenido mucha práctica. No quería decirle no, sobre todo cuando él estaba tan contento, tan seguro que me estaba complaciendo. Me estaba sacando del hospital donde estaba sola y asustada para llevarme a casa a tiempo para las Navidades. Pero yo no estaba ni sola ni asustada. Ni siquiera cuando me llevaron en camilla a la sala de operacíones con mis ojos abiertos mirando las paredes de losetas blancas, la luz cegante, los tanques de oxígeno, la gente en uniformes blancos, y la máscara negra y terrible que me cortaba el aire. "Respira," me dijeron cuando trataba de no respirar el gas dulce y fuerte. "¡Respira!" Y yo como la niña buena y obediente que era, lo hice y las voces desaparecieron en un sueño.

Aquí en la sala de niños tenía más compañía que en cualquier otro sitio excepto la escuela. Todos los adultos eran cortés y aunque nunca me daban besos ni abrazos ni me llamaban nena buena o nena linda, tampoco me daban ni me gritaban ni se ponian a pelear. Sí, me regañaron cuando me reí del nene de la cama del lado que estaba haciendo fuerza en la bacinilla. Después se rieron de mí cuando era yo la que hacía fuerza y lloraba con el dolor. Pero con todo y eso no quería que me robaran las veinte-y-cuatro horas que me quedaban.

Papi me examinó la cara, preocupado.

"¿Qué te pasa? ¿Te duele algo?"

Yo le contesté en inglés, "*No*, Papi, *I don't hurt.*"

"*Come then,*" él dijo, cambiando al inglés, a ese inglés que todavía me gusta, sus filos agudos suavizados por su acento puertorriqueño. "*Get dressed and we'll go home and have some* asopao."

Pero ni siquiera un asopao podía tentarme a volver a casa voluntariamente. Mami prepararía asopao otra vez, pero yo nunca más tendría apendicitis. Ya no tenía apéndice. Esta era la última mañana que me podría quedar de cama. El último día que podía traducir para el médico que venía al mediodía y que no entendía lo que decía la paciente en el salón del lado con piedras en los riñones. Yo sí la entendía. Yo hablaba su idoma y el de él también. Era el último día que podría dormir la siesta con diez niños más. El ultísimo día para levantarme a jugar con la casa de muñecas para la cual había construido una lago de espejos y nieve de algodón.

Le dije algo a Papi en voz baja, no recuerdo qué. Pero cuando él se dobló para oírme mejor, me acordé del placer que esperaba hoy y le murmullé que la señora de servicios sociales iba a repartir regalos de Navidad esa misma tarde. Volví mi cabeza, avergonzada por ser tan malagradecida. Él había discutido tanto con las enfermeras, había luchado tanto para llevarme a casa fuera como fuera. Pero yo no me levanté, no abandoné mi decisión, y no volví a casa. Haci fué que cuando la jefa de enfermeras vino para despedirse, me encontró acostada, cara a la pared, lágrimas mojando mis mejillas y mi papá ahí, de pie, inmovil, aguantando mis medias y mis *panties* en sus manos grandes y quietas.

Asopao

PUERTO RICO

En la familia de Esmeralda Santiago el asopao es el plato que viene después de la cena. Su madre, Ramona, siempre lo prepara una vez que hayamos terminado de cenar, de lavar los platos, de dividir las sobras, envolverlas en plástico y repartirlas entre todos nosotros para que podamos llevarnos un recuerdo navideño. Justamente antes de irnos, nos damos cuenta que tenemos hambre otra vez. Entonces su Mami prepara el asopao y cenamos juntos una vez más. Esto ocurre en todas las reuniones familiares, no sólo en la de Navidad. Pero esta tradición tiene un significado especial en Navidad. Mientras nos vamos preparando para enfrentarnos con el frío y la nieve de nuestro exilio es cuando más la apreciamos.

4 cucharadas de sofrito
1 cucharada de vinagre
adobo (ver receta en la siguiente página)
1 pollo de 3 a 4 libras, lavado, enjuagado con limón, secado y cortado en pedazos
3 cucharadas de aceite de oliva con achiote (ver la página 51)
½ taza de vino blanco
½ taza de salsa de tomate
½ libra de arroz
7 tazas de agua
1 cucharada de alcaparras
1 cucharada de aceitunas españolas, cortadas
2 hojas de laurel
½ cucharadita de orégano
½ cucharadita de sal

EL ADOBO

4 dientes de ajo
1 cucharadita de pimienta negra en grano
1 cucharadita de sal
1 cucharadita de orégano seco
½ cucharadita de pimienta húngara (paprika)

Machacar los ingredientes en un mortero hasta que formen una pasta.

Añadir 1 cucharada del sofrito y el vinagre adobo y mezclar bien. Frotar los pedazos de pollo con esta mezcla. Poner en la nevera por un mínimo de 30 minutos; dejarlo toda la noche sería ideal.

Calentar el aceite de oliva con achiote en una olla. Agregar las otras 3 cucharadas de sofrito y saltear unos 2 minutos.

Bajar un poco el fuego y añadir el pollo. Saltear cuidadosamente para que los pedazos de pollo absorban bien el sofrito. Una vez que la carne se vuelva opaca, añadir el vino blanco y la salsa de tomate. Revolver un poco y echar el arroz, el agua, las alcaparras, las aceitunas, las hojas de laurel, el orégano y la sal. Subir el fuego hasta que el líquido hierva, entonces bajarlo, tapar la olla y cocer a fuego lento unos 20 a 25 minutos. Sazonar con un poco de sal y pimienta.

La receta es para 6 a 8 personas.

Martín Espada

Martín Espada nació en Brooklyn, Nueva York. Ha recibido becas del National Endowment for the Arts y el Massachusetts Cultural Council. Actualmente es profesor en el Departamento de Inglés en la Universidad de Massachusetts, Amherst. Entre sus poemarios están Imagine the Angels of Bread *(W. W. Norton), ganador del American Book Award; y* Rebellion Is the Circle of a Lover's Hands *(Curbstone Press), ganador del Paterson Poetry Prize y el PEN/Revson Fellowship. Es editor de* Poetry Like Bread: Poets of the Political Imagination *(Curbstone Press) y* El Coro: A Chorus of Latino and Latina Poetry. *Ha publicado poesía en* The New York Times Book Review, Harper's, The Nation *y* Ploughshares.

NO DISCUTIR ACERCA DE DIOS

SOY HIJO DE PADRE puertorriqueño y madre judeo-Testigo de Jehová. Se conocieron en una fábrica en Brooklyn; mi padre era el encargado de enviar mercancía y mi madre, recepcionista. Frank Espada era escéptico, un católico extraviado. Marilyn Levine comía hamburguesas con queso y pensaba que cualquier día Dios la castigaría, pisoteándola como un insecto por mezclar carne con leche, una clara violación de las reglas alimenticias judías.

En el caso de mi madre, el repudio de la religión y la identidad del Judaísmo—y su conversión a una secta cristiana—cuya mala fama de

proselitismo puerta a puerta, mas irritante que tiña, es bien merecida—tiene unos antecedentes especiales. Entre el matrimonio con mi padre en el 1952 y mi llegada en el 1957, su familia la había rechazado. La única vez que conocí a un familiar suyo fue cuando yo tenía dos años. Su padre se había escapado de un hogar de ancianos, y lo vi momentáneamente. Es éste el único recuerdo que tengo de su familia en mis cuarenta años. Se nos había marginado de forma definitiva.

A principios de los sesenta vivía mi familia, mis dos hermanos y yo apelotonada en un apartamento en la urbanización Linden—los proyectos construidos para los pobres, en East New York. Un día sonó el timbre y había un señor vendiendo revistas y profecías. Este señor convenció a mi madre. Las ausencias de mi padre eran regulares, así que los niños esencialmente nos convertimos en Testigos. Nos inculcaron su pronóstico definitivo: "el fin de este sistema de las cosas", es decir, el Armagedón. En las revistas que nos traían, se representaba el Apocalipsis con fotos de muchedumbres gritando amedrentados bajo la lluvia de fuego. Sin embargo, los Testigos siempre gorjeaban de la llegada de "las buenas noticias". Siempre que venían predicando el fin del mundo, nos recordaban que se aniquilarían a los malditos (cualquiera que no fuera Testigo), que se les pudriría la lengua. Después del Armagedón vendría el Paraíso, que era como el postre.

Los dibujos del Paraíso destacaban los sonambulescos beneficiados de la vida eterna acariciando unos leones tan atontados como ellos, como si Jehová fuera un taxidermista divino. Los jardines—poblados de estas figuras con caras y sonrisas estupefactas—también eran estériles y artificiales. Para los Testigos, la perfección siempre era de carácter insulso, hasta cuando cantaban. Cuando era yo muy niño, estaba convencido que sus himnos se basaban en los motivos musicales de las series televisivas. Por su aversión radical hacia los ritos exuberantes y festivos, por supuesto que no celebraban las Navidades. Claro está que a millones de norteamericanos tampoco les interesa esta fiesta, pero la Navidad, o más bien su ausencia, para mí era la metáfora de las contradicciones e ilusiones de mi familia.

Cuando era muy joven sí celebrábamos la Navidad. Me acuerdo de un año cuando le di un empujón a mi hermano y el chocó con el árbol de Navidad, que se derrumbó con una tremenda explosión de adornos. Aquello pareció una detonación de cohetes navideños. Mis padres me encontraron desenredando a mi hermano y ahí empezaron los gritos. (Desde entonces me he enterado que otras familias también usan los árboles como proyectiles. Una vez mi suegro arrojó el árbol por un ventanal como si fuera un arpón.)

Después de esta escenita, mi madre anunció que ya se habían acabado las Navidades para ella. Además, tomó la postura oficial de los Testigos que postula que Jesucristo no nació el 25 de diciembre. Para ellos, la Navidad era una antigua fiesta romana —y por supuesto pagana. A su vez, mi padre decretó que si mi madre no celebraba la Navidad, los demás tampoco la celebraríamos como una familia.

Sin embargo, mi padre conservó su colección de adornos navideños, suponiendo con alguna esperanza que mi madre algún día cambiara de idea. Ella afirmó su posición claramente una vez, unos días antes de Navidad, cuando yo era adolescente. Recogió la colección de mi padre, la metió en un cubo de la basura, lo arrastró hasta la calle y esperó que vinieran los basureros y que lo metieran todo en el camión. Luego volvió a casa y anunció que se había deshecho de los tesoros de mi padre.

Este acontecimiento se dio en el día de cumpleaños de mi padre. Los Testigos tampoco celebran cumpleaños. Lo consideran una autoexaltación equivalente a venerar ídolos. Ese día el que cumple años es el Becerro de Oro. En las historias de la Biblia sólo se celebraron el cumpleaños del Faraón y de Herodes. Según esta lógica, unos cuantos globos y sombreritos de esos de fiesta pueden incitar al festejado a conquistar desiertos inmensos y obligar a miles de esclavos a edificar pirámides.

Asi mi madre tiró lo de "Feliz Navidad" a la basura. La discusión que siguió combinó lo mejor de un debate teológico y una pelea de gallos: Dios, Darwin, gritos y plumas. No recuerdo las palabras de mi padre. Primero le temblaba la mandíbula, lo que siempre marcaba el preludio de acontecimientos sísmicos. Entonces comenzó la erupción. Abrió tanto la boca para dar un grito que estaba yo seguro que le había visto la úvula, ahí meciéndose como un pequeño saco de esos que usan los boxeadores, como si fuera un cantante de ópera de los cómics.

Se me ocurre una de las frecuentes citas bíblicas de mi madre: dijo Jesús, "No he venido a traer paz, sino espada" (Mateo 10:34). Los Testigos de Jehová siempre citaban este verso para justificar rupturas familiares. Pero claro, ésta es la traducción "Nuevo Mundo" de la Sagrada Escritura que proclamaban los

Testigos. En vista de la complejidad y sutileza de traducir una lengua antigua, Jesús también pudo haber dicho cualquier disparate, algo así como "Vine a pescar un pez a espada traviesa".

Después de la ofensiva basural de mi madre, ya no se mencionó más lo de las Navidades. Mi padre me regaló una bolsa de lona un año, esas que se usan para viajar. Me dijo,—Oye, te voy a comprar un saco. —Y yo le contesté— No quiero un saco. —Y me dijo él — Pues te daré un saco de todos modos. — Me lo dio, pero claro, sin envoltura navideña ni nada, para que yo supiera que efectivamente era un saco. Lo que me resultaba rarísimo es que yo no pensaba viajar a ninguna parte.

En la escuela secundaria, me convertí en anarquista navideño. Les explicaba a los compañeros que mi familia no celebraba la Navidad por motivos revolucionarios. Las Navidades eran una manifestación de la cultura consumista corrupta, una conspiración capitalista, un rito hipócrita del Estado belicista. Esto sin duda tiene algo de verdad, aunque para mí en ese momento lo que importaba era la mezcla de lógica conveniente y santurronería altisonante. Me consideraba muy espiritual.

Y además ya no me hacían falta los Testigos. La postura de mi padre con respecto al agnosticismo y la teoría de la evolución era, a fin de cuentas, bastante convincente. La respuesta de mi madre a las teorías darwinianas era "Puede que tú seas descendiente de los simios, pero yo no". También empezamos a dudar de las creencias de mi madre aun más cuando los Testigos pronosticaron que "el fin" llegaría en octubre del 1975 y lo único que llegó a su fin fue la temporada del béisbol. A todo esto se juntaba el hecho de que yo había descubierto el mundo de las niñas. Una criatura angelical de la congregación del barrio me dejó embelesado, con el aspecto de una vaca golpeada por una almádena. Pero me gustó mucho este dolor de cabeza. Ya que los Testigos dictaminaban un código de comportamiento sexual más adecuado para un muñeco *Ken* que para un niño adolescente, las opciones se me pusieron claras.

Pero, no nos olvidemos, éste es un relato de redención. En mi historial navideño, el cerdo era el redentor: pedazos de pernil humeante y con ajo, y el cuero ese crujiente. Esos años que vivimos en Brooklyn, siempre íbamos al Bronx a cenar en casa de mi abuela en la Navidad. Yo iba vestido de un traje azul, todo abotonado y tieso, como un diminuto portaféretro. Camino al Bronx, en el carro que se mecía lentamente por el tráfico navideño, iba yo en un crepúsculo dramamínico. La única vez que se mencionaba a Dios era en la enfurecida letanía de mi padre —*Goddammit! Goddammit!*— cuando íbamos avanzando a paso de tortuga por la autopista. Cuando llegamos a casa de abuela, mi padre me cargaba de regalos para los primos y subía yo tambaleándome por las escaleras hasta llegar al quinto piso. Abrían la puerta y había miles de puertorriqueños, todos parientes. Me mecía al son del bolero en el tocadiscos como una boya en marea alta.

Luego servían el pernil y arroz con gandules que preparaba mi abuela. Para un niño comilón rechoncho, aquello me parecía la Divinidad encarnada en forma de pernil. Era una fiesta celestial. Sin embargo, mi abuela nunca comía, lo cual era un misterio. Nadie nunca había visto a Tata ingerir y tragar. Esto parecía un auténtico milagro, como si fuera una estatua llorando en la plaza del pueblo.

Después de cenar, mi padre nos colocaba a todos para el retrato navideño obligatorio, una colección de caras con la nariz de los Roig —la de mi abuela y la mía— que era como una colina de dos cuevas. Mi madre posaba con estos puertorriqueños paganos, sin pensar en el dogma de los Testigos que decía que la Navidad no marcaba el nacimiento de Jesucristo. Ni caso le hacía a las estatuas de los santos que estaban por todo el Bronx. Lo único que importaba era que aquellos paganos insistían en incluirla en la foto.

Mi madre todavía es Testigo. Mi hijo nunca tendrá que preguntarse si su padre es descendiente del simio. Mi esposa, nacida en una lechería en Connecticut, hace unos adornos navideños artesanales. Además ella misma sierra nuestro árbol en el bosque. Celebramos Jánuca y también el Día de Reyes, por respeto hacia las dos ramas familiares. Esto nos sale muy caro, pero este año pienso suplementar el sueldo como profesional de lucha libre. Mi nombre profesional será "El Pernil".

Termino con las palabras del gran poeta puertorriqueño, Walt Whitman, de la introducción de la edición de 1855 de *Hojas de hierba:*

> *Es esto lo que debéis hacer: Amar a la tierra y al sol y a los animales, odiar la riqueza, dar limosna a todo el que la pida, defender al loco y al ignorante, dedicar el trabajo y el lucro a los necesitados, odiar al tirano, no discutir acerca de Dios . . .*

Pernil

PUERTO RICO

El pernil es el lechón que no cabe en el horno. Ya que no se puede asar el lechón entero en la casa, hay que elegir la parte que tenga la carne más sabrosa y que se pueda dividir entre muchos comensales.

adobo
1 pernil entero de 7½ a 8½ libras (la paletilla de cerdo con hueso)

Lavar y secar bien el pernil. Hacer incisiones con un cuchillo muy afilado.

EL ADOBO

1 cucharadita de pimienta negra en grano
8 dientes de ajo grandes
3 cucharaditas de orégano (del seco)
2 cucharadas de sal
2 cucharadas de aceite de oliva
2 cucharadas de vinagre
¼ taza de sofrito

Machacar la pimienta, el ajo, el orégano y la sal en un mortero hasta que se forme una pasta. Agregar el aceite, el vinagre y el sofrito.

Seguir machacando hasta que se forme una pasta lisa.

Untar bien el pernil, introduciendo la pasta en las incisiones. Colocar en una cacerola, cubrir y dejar en la nevera toda la noche.

Sacar el pernil de la nevera una ½ hora antes de hornearlo. Rociarlo con el líquido que se habrá formado en la cacerola.

Precalentar el horno a unos 300 grados. Hornear el pernil 1 hora. Subir la temperatura a 350 grados y hornear 2 horas más o hasta que la temperatura interna llegue a 185 grados.

La receta es para 6 a 8 personas.

Ilán Stavans

Ilán Stavans nació en Ciudad de México. Ha recibido el Latino Literature Prize y la beca Guggenheim y ha sido nominado para el National Book Critics Circle Award. Entre sus libros están The Hispanic Condition *(HarperPerennial),* Art and Anger *y* The Riddle of Cantinflas *(ambos publicados por University of New Mexico Press),* Bandido: Oscar 'Zeta' Acosta and the Chicano Experience *(HarperCollins) y* The Oxford Book of Latin American Essays. *El cuento que sigue se publicó en la revista* Sí.

¡OY! ¡QUÉ FIESTAS!

La celebración de Jánuca en el Distrito Federal siempre era una semana de alegría. Celebrábamos la fiesta de las luces en el colegio y en la casa. Nosotros vivíamos en un barrio no judío, así que Jánuca coincidía con las Navidades y las famosas posadas. Mis recuerdos de esos años son híbridos: una mezcla de la figura de Judas Macabeo y las piñatas de colorines llenas de naranjas, colación y pedacitos de caña de azúcar. En nuestro colegio *yiddish* montábamos unos *schpiels* tremendos, relatos cómicos representando la historia de los Hasmoneos que hicieron la guerra en contra de los palestinos en el 165 AC cuando Antíoco IV, el rey sirio, profanó el templo sagrado de Jerusalén.

Mi confusión infantil lo mezclaba todo: la resistencia judía y las rebeliones de los pueblos sudamericanos encabezadas por comandantes izquierdis-

tas. Me imaginé a los Hasmoneos vestidos de guerrilleros y armados con metralletas Uzi, liberadores de pueblos oprimidos.

En uno de los *schpiels*, hice yo el papel del padre de Judas Macabeo, Matatías de Modín, con una barba postiza estilo Fidel Castro. Otro año, hice el papel de Antíoco, y llevaba un disfraz más parecido a la indumentaria de los conquistadores españoles que a la de un soldado del Antiguo Testamento. Al conquistar el templo hebreo, que se parecía a la pirámide del sol en Teotihuacán, intenté imitar la voz del Presidente Luis Echeverría Alvarez.

Durante la semana de Jánuca, mis padres nos daban un regalo cada noche a mí y a mis hermanos. Me acuerdo de que me quedé maravillado al recibir un títere precioso que representaba un humilde campesino con un bigote grande, con una pistola en una mano y una botella en la otra. Después de abrir los regalos, mi madre encendía una vela más de la menorá, y colocaba el candelabro en el alféizar de la ventana del comedor.

A veces toda la familia se reunía en casa de mi abuela en la Colonia Hipódromo para una gran fiesta. Los niños nos sentábamos en el suelo formando círculos y jugábamos con el *dreidl*, dándole vueltas al trompo y apostando cómo se iba a caer. Por mucho que rezara y pidiera un milagro como el que redimió a los Macabeos, yo nunca acertaba. Al cabo de la noche ya había agotado el caudal y terminaba de mal humor.

Después del juego, mi abuela servía la espléndida cena judeomexicana que siempre preparaba especialmente para las fiestas: pescado a la veracruzana, sopa de pollo con *kneidlach*, *latkes* fritos al horno con mole poblano y puré de manzana. Los postres evocaban la tradición pastelera de los judíos del este de Europa, pero en realidad se parecían más a los bizcochos típicos mexicanos.

Terminábamos hinchados pero siempre continuábamos los festejos reuniéndonos con los vecinos para celebrar las posadas. Surgían muchas preguntas teológicas —y desconcertantes— con respecto al judaísmo.

—¿Y por qué hay ocho velas? —preguntaba uno.

—Pues por lo del milagro que . . .

—¿Pero creen ustedes en milagros? El único milagro auténtico fue el nacimiento de Jesucristo.

Un largo silencio siempre seguía esta pregunta.

—¿Pero ustedes mataron a Jesucristo o no?

De pronto, me quedé bloqueado.

—¿Cómo que nosotros? ¿Específicamente *nosotros?*

—¿Ustedes los judíos lo consideran el Mesías?

—¿Saben lo de la Inmaculada Concepción?

Pensar en estas cosas y el esfuerzo que me costaba contestar las preguntas siempre me dejaba extremadamente inquieto. Nuestros amigos no judíos no aceptaban nuestras respuestas. Los notaba confundidos, dudosos. Pues no, no habíamos matado a Jesucristo ni lo considerábamos el Mesías, pero sí era un profeta de carácter bíblico e incluso nacionalista. Nuestros vecinos nos aceptaban, quizás alguno que otro nos quería, pero lo que siempre quedaba claro es que para ellos éramos como extraterrestres.

Una vez que emigré a la ciudad de Nueva York, empecé a considerar las fiestas de Jánuca que yo viví en México algo *exótico*. Cuando les contaba estos recuerdos a mis nuevos amigos judeoamericanos, siempre se quedaban asombrados. Lo único que sabían del mundo hispano lo habían sacado de las novelas de García Márquez o de un fin de semana en Acapulco. Cuando todavía era niño lo que más me llamaba la atención de nuestras fiestas judías era que no eran sólo mías, sino que le pertenecían a una cadena infinita de generaciones antepasadas. Mis padres y maestros me habían inculcado que yo era un componente íntegro de una pequeña cultura transnacional y multilingüe — abstracta, marginada y dispersada por todo el mundo. Millones de niños habían jugado con el *dreidl*, y en los siglos venideros, millones de niños harían lo mismo. Fui comprendiendo que yo era un puente que cruzaba una corriente infinita. Como todo niño judío, yo era un Macabeo viajando por el tiempo, siempre repitiendo y representando un festival cósmico de la autodefinición.

Pescado a la veracruzana

MÉXICO

Esta receta es un tesoro heredado de la familia de Ilán Stavans. Su familia nos la envió desde Ciudad de México en memoria de Miriam Slominski (1912–1991), la abuela de Stavans, que siempre lo preparaba. Este plato clásico de la cocina mexicana deriva su nombre de la ciudad portuaria de Veracruz, en la costa del Golfo. El chile "güero" es un tipo de chile amarillo. Hay varios tipos de chiles güeros, algunos más picantes que otros. También se consiguen preparados en escabeche, y estos no pican tanto. Dos chiles frescos de los pequeños le dan un suave saborcito picante a la salsa. Probar mientras se cocina y agregar más si se prefiere una salsa más picante. Cuanto más se cocine la salsa, más se mezclan los sabores. Lo ideal es cocinarla a fuego lento unos 30 a 40 minutos para que los sabores se fundan exquisitamente.

2 huevos
2 libras de filetes de pargo o lubina (o cualquier otro pescado blanco de carne firme)
2 tazas de harina
½ taza de aceite de maíz para freír el pescado
6 cebollas
7 dientes de ajo
½ ramillete de perejil
5 tomates grandes
1 hoja de laurel seco
1 botellita (de 10 onzas) de aceitunas verdes deshuesadas, escurridas
2 chiles güeros, sin las semillas ni las venas, bien picaditos
sal y pimienta

Para preparar el pescado

Batir los huevos ligeramente. Sumergir los filetes en el huevo batido y luego pasar por la harina. Poner el aceite a calentarse en una sartén grande. Cortar 2 de las cebollas en ruedas finas y picar bien 4 dientes de ajo. Saltear en el aceite caliente hasta que se doren. Poner los filetes en la sartén y freír hasta que se doren. Cuando estén, sacar y colocar sobre papel absorbente para que absorba la grasa.

Para preparar la salsa

Picar el resto de la cebolla y el ajo, el perejil y los tomates. Poner en una licuadora para hacer un puré. Colar. Calentar en una sartén pequeña, removiendo constantemente. Hervir, luego bajar el fuego, añadir la hoja de laurel y cocinar a fuego lento unos 10 minutos. Si se pone muy espesa, agregar un poco de agua. Agregar las aceitunas y el chile picado. Cocinar 5 minutos más.

Verter la salsa sobre el pescado y salpimentar a discreción.

Dejar reposar unos 5 minutos antes de servirlo.

Esta receta es para 6 personas.

Bizcochitos (Galletitas de anís)

MÉXICO

Estas galletitas mexicanas son casi idénticas a las de la tradición pastelera judeoeuropea oriental. En la versión judía se usan semillitas de amapola en vez de anís. Si no le gustan las semillas en las galletas, puede darle el sabor a anís al azúcar mezclándola con las semillas de anís y dejándola reposar toda la noche. Al día siguiente, colar el azúcar sácandole las semillas antes de empezar la receta.

2 tazas de harina
1 cucharadita de polvo de hornear
2 cucharaditas de anís en grano
½ cucharadita de sal
1 taza de mantequilla sin sal, suavizada
¾ taza de azúcar granulado
1 huevo grande
2 cucharadas de coñac
azúcar acanelado (2 partes de canela y 1 de azúcar)

Precalentar el horno a 350 grados.

Mezclar la harina, el polvo de hornear, el anís y la sal. Trabajar la mantequilla y el azúcar y añadir el huevo y después el coñac, batiendo bien la mezcla. Añadir los ingredientes secos gradualmente y mezclar bien. Darle forma de bola a la masa, envolver en plástico y meter en la nevera hasta que se enfríe—unas 2 horas. (La masa se puede preparar de antemano y refrigerar.)

Extender la masa con un rodillo. Debe tener como ¼ de pulgada de grosor. Cortar unas porciones en diversas formas y colocar sobre una plancha. Hornear hasta que se doren—unos 20 minutos. Dejar enfriar para poder sacarlas de la plancha sin que se rompan. Colocar en una fuente y espolvorear con azúcar acanelado.

Esta receta es suficiente para 2 docenas de galletas.

Mayra Santos Febres

Mayra Santos Febres nació en Puerto Rico. Ha ganado varios premios, entre ellos, el Letras de Oro otorgado por la Universidad de Miami en el 1994 y el Premio Juan Rulfo 1996, para cuentos escritos en español. Su colección de cuentos, Urban Oracles, *se publicó en 1997 en Lumen Editions, una división de Brookline Books.*

UN POQUITO DE ALEGRÍA

EN PUERTO RICO LAS NAVIDADES son una intensa temporada de celebraciones que comienza la noche de *Thanksgiving* y termina el 18 de enero, con la fiesta de San Sebastián en el Viejo San Juan. Como la Isla siempre ha sido colonia—primero de España y luego de los Estados Unidos—nosotros los puertorriqueños hemos trasformado las tradiciones heredadas de ambas "madrastras patrias" y poco a poco hemos ido desarrollando "costumbres" que apenas se asemejan a las originales. En nuestra versión de *Thanksgiving*, o, como nosotros lo llamamos, "Día del Pavo", no se sirve la típica *cranberry sauce* (una "salsa" de arándanos agrios que más bien parece una accidentada plasta de frutas), ni el *pumpkin pie* (la tan popular tarta de calabazas) ni batatas al horno (de la anaranjada y no de la batata amarilla que sabe a pan de miel). A nadie le interesa ver el gran partido de fútbol americano, aunque ya nos lo transmiten por televisión cable. Eso sí, nos quedamos con el pavo, adobándolo con especias que le dan sabor a pernil celebratorio. Así dimos con el injerto culinario que llamamos el "pavochón". Lleva de relleno una mezcla de plátano molido con mucho ajo y pimienta, estilo mofongo. Servimos el "pavochón" con morcilla, gandinga, arroz con gandules y otras delicias confeccionadas con mucho esmero. De postre siempre se ofrece tembleque.

Así transformamos los platos importados, a fuerza de imaginación y cariño. Traducimos sus sabores a nuestros paladares, acostumbrados al gusto de la cocina campesina, a los divinos sazones de la comida de esclavos. Así convertimos *Thanksgiving* en el Día del Pavo, en un banquete mágico de sabrosa alegría. Hacemos con la comida lo que hemos hecho con las tradiciones, juntamos un poquito de esto con unas sobras de aquello. La cocina se vuelve emblema de nuestra identidad cultural: una mezcla de lo antiguo y lo moderno, de lo rural y lo urbano, de lo taíno, lo africano y lo español, todo condimentado con angustia, alegría, sudores, vitalidad.

Nochebuena, sin embargo, es una fiesta más puertorriqueña, con personalidad propia. Aunque se podría argumentar que esta fiesta es una continuación de la temporada festiva iniciada con el Día del Pavo, ella conserva un calor y una magia especial. Es una fiesta épica, un premio al final de la carrera de obstáculos que son las pequeñas luchas cotidianas. Llegar a Nochebuena sano de cuerpo y alma, con la capacidad de reír, regalar, recibir y celebrar, no es poca cosa en ningún lugar del mundo, mucho menos en Puerto Rico.

Precisamente por estas razones, mi hermano Juan Carlos y yo siempre nos sentíamos nerviosos cada vez se acercaba la víspera de la Navidad. Era a causa de nuestra madre, Mariana Febres Falú. Nos volvía locos a todos con sus excéntricas preparaciones para celebrar Nochebuena. Todavía no sé por qué le excitaban tanto estas fiestas. Quizás era porque trabajaba duro todo el año, agobiada con las exigencias de ser maestra, madre y esposa. Cada Nochebuena se empeñaba celebrar por todo lo alto, como si esa Navidad fuera su última oportunidad de superarse a sí misma y lograr degustar un rato más un poco de felicidad.

Nosotros nos convertíamos en su pequeño ejército: día tras día mi madre insistía en que Papi pintara la casa entera, aunque las paredes estuvieran impecables. Semana tras semana nos arrastraba a mí y a mi hermano a los centros comerciales en busca de los adornos más vistosos. Y así, cada año, hacía preparaciones para celebrar una fiesta que aniquilara el recuerdo de la anterior. Cada una de sus fiestas tenía que ser la madre de todas las fiestas de Navidad. Días antes de la víspera, trasformaba el barrio entero en un carnaval bullicioso de luces y adornos. Mientras tanto, iba cotejando sus listas de tareas para movilizar a todos los vecinos—a doña Victoria le tocaba traer el ron, a doña Olga los pasteles, a don Agapito el lechón y a don Cheo el equipo estereofónico. Cada tía, abuela y prima tenía órdenes de ayudar en esto o en aquello. Cuando por fin llegaba Nochebuena, todos nosotros lucíamos nuestros mejores trajes de gala, nuestra mejor cara navideña y nuestras mejores intenciones de celebrar el nacimiento de Cristo como si naciera allí, en nuestro barrio, por vez primera. Aquella tenía que ser la Navidad más divertida de nuestras vidas. Más nos valía . . . o tendríamos que rendirles cuentas a Mariana.

Ahora que lo pienso, me parece que el entusiasmo de mi madre era demasiado excesivo. Quizás sería por sus experiencias de infancia, por todas esas Navidades marcadas por la pobreza y la escasez, sin una buena comida, sin luces y sin adornos, sin nada que celebrar. Pero mi madre pertenecía al clan de las Febres, mujeres que sacaban las fuerzas de donde no las tenían para superar cualquier obstáculo. Siempre me parecieron invencibles todas ellas: mis tías Cruzjosefa, Cusita, Nena, Cuca, Cuchira, y mi madre, Mariana. Ante mis ojos se imponían con la fuerza de torres de bronce, reluciendo dentro de esa piel de un marrón rojizo, reluciente y perfumado. Aún rodeadas de trabajos y de congoja, nunca dudé que ellas sabían muy bien lo que era la alegría. Y lo demostraban bien. Siempre reían, en cada reunión, en cada funeral. Sus risas eran un gozo y un desafio a la tristeza, sobretodo durante la época de Navidad.

Mi padre era otra cosa. Era el único que lograba resistir la fiebre navideña de mi madre. De vez en cuando nos sacaba a pasear, nos llevaba en excursiones por las montañas o asistía a alguna actividad especial de la escuela. Pero nunca se aparecía en reuniones familiares, y menos cuando estaban mis tías. Y en las Navidades, ni hablar. Nunca nos explicó por qué. Pero claro, mi padre nunca nos explicó muchos de sus actos.

Juan Santos siempre fue un hombre muy callado. Ahora es predicador y maneja una pequeña iglesia pentecostal frente a su casa. Vive con mi medio hermano Carlos Juan. De joven fue un jugador de béisbol relativamente exitoso y también maestro de historia. Nuestra casa siempre estuvo llena de mapas y libros de historia. Cada noche, mi padre se pasaba horas preparando clases en el comedor, con sus libros y sus mapas desparramados por toda la mesa. Sus manos siempre olían a tinta. Recuerdo un juego, el único que jugaba con nosotros. Papi se sentaba en el sofá de la sala. Nos llamaba a mí y a Juan Carlos y, como un sargento, nos preguntaba en alta voz: "¿Cuál es la capital de Nicaragua?" Nosotros contestábamos gritando: "¡Managua!" "¿Y la del Japón?" "¡Tokio!" "¿Y la de Checoslovaquia?" "¡Praga!" Después de alguna sesión de juegos, mi hermano y yo soñábamos con viajar a esos lugares con nuestro padre. Tomandonos de las manos, nuestro padre nos preguntaría nombres de capitales y nos contaría curiosidades sobre sus productos agrícolas, sus guerras civiles, sus tesoros arqueológicos. En esas fantasías, nuestro padre jugaría con nosotros los juegos más inverosimiles—a las escondidas en el Partenón, a las carreras por las escaleras del Vaticano. Estaría feliz.

Fue por mi padre que me enteré que Puerto Rico era colonia. Una noche, después de su juego, nos explicó que los puertorriqueños no teníamos una capital auténtica, como la tenía Nicaragua, y que tampoco teníamos historia, porque jamás ganamos nuestra independencia en una guerra. A veces pienso que ésta era la raíz de su malhumor. Quizás estaba frustrado por no tener un país verdaderamente suyo, un gran país que pudiera apoyar sus ilusiones de ser un hombre libre, triunfador. A veces, cuando discutía con mi madre, que era pro-colonia, la acusaba enfurecido de ser una cobarde colonizada. Y Mami se reía desafiante diciéndole: "Ay negro, ¡si yo soy más puertorriqueña que tú! Mi corazón está acá, pero el dinero está allá. Y yo no pienso morirme de hambre ni una vez más en mi vida. ¿A cambio de qué, de la libertad? Dejame decirte algo, papito. No hay libertad en la pobreza." Y sin oirle una sola palabra más, mi madre subía el volumen de la radio, se acomodaba sus pantaloncitos cortos de mahón de se ponía a limpiar, y a limpiarse del mal rato. Después de una de esas discusiones políticas, Mami dejaba la casa reluciente. Nuestros uniformes colgaban impecables de los ganchos del armario. Los pisos brillaban y las plantas del jardín se relamían sus hojas recién regadas.

Así era que mi madre podía al fin olvidar que su marido la había llamado cobarde. "Mira y que cobarde yo," refunfuñaba para sí. "Estará loco. Si no fuera por mi 'cobardía,' no estaríamos tan bien como estábamos."

Y realmente estábamos muy bien, sobre todo si se nos comparaba ál resto de los vecinos. Teníamos la casa más grande del barrio y dos carros. Mis padres, Juan y Mariana, esa pareja de negros elegantes e inteligentes, hasta podian darse el lujo de matricular a sus dos hijos en colegios particulares. Los dos trabajaban como maestros en escuelas "modelos" para niños dotados.

Rumor corría que sus puestos sólo podían ser ocupados por maestros que tuvieran buenas conexiones en el Departamento de Educación. "Claro, como las hermanas de Mariana trabajan para el gobierno," murmuraban los vecinos, a veces, cuando nos veían pasar. Yo me ponía furiosa con los comentarios. Era cierto que las hermanas de mi madre tenían importantes puestos en la administración en poder y que movieron conexiones para que consideraran a mis padres para estos puestos. Pero también era cierto que los dos trabajaban como mulas; mi padre siempre oliendo a tinta y a tiza quemada y mi madre con la garganta inflamada y la voz ronca de tanto estar repitiendo tablas de multiplicar. Quería matar a los vecinos cuando los oía hablar así, quería insultarlos. Pero Mami siempre me calmaba. "Nena, eso es envidia," me decía. "No, les hagas caso. Cuando los oigas chismear, sonríe, para que sepan que sus comentarios no pueden tocarte. Que tienen que buscarse otra manera para hacerte llorar."

Así vivímos todos, mi familia y yo. Asi crecimos y vimos años pasar, uno tras otro, y entre peleas, chismes e ilusiones rendimos nuestros tributos a sus llegadas, sus partidas, sus muertes y sus Nochebuenas. Pero siempre hay una Navidad que no se olvida. Tendría yo diez u once años. Esa Nochebuena la íbamos a celebrar en casa de mi abuela. Mis tías también irían. El plan era cenar allí y luego pasar por la casa de los vecinos contiguos, con quienes mi madre había organizado una fiesta para la calle entera. Nosotros, los Febres, llevaríamos la comida, y doña Gladys y don Agapito pondrían la casa y la música. Don Agapito había vivido en la ciudad casi toda la vida pero era oriundo de Cidra, un pueblo del interior de la Isla. Por eso conocía a muchos músicos expertos en aguinaldos, seis chorreos y otras canciones típicas, de esas que siempre tocan en las lechoneras y en los pequeños restaurantes del campo los domingos, mientras la clientela come y bebe a sus anchas y baila entre niños traviesos embarrados en grasa de lechón. Uno de ellos, don Benny, era taxista de día, pero músico de profesión. Dirigía un grupo musical muy bien equipado con altavoces, micrófonos y equalizador de sonido. Hasta contaban con teclado electrónico y una caja de música que era la sensación de las lechoneras. La presencia de don Benny en nuestra fiesta garantizaba tremendo jolgorio.

Esa noche, antes de salir, mi madre intentó persuadir a mi padre para que la acompañara a la fiesta en casa de don Agapito. Estábamos todos apretujados en el baño arreglándonos. Mi madre me peinaba frente al gran espejo del baño y mi padre nos miraba cariñoso. Juan Carlos andaba todavía a medio vestir y aguardaba, sentado en el inodoro, a que mi madre lo ayudara a buscar un zapato perdido. Mami se había puesto un vestido negro de espaldas descubiertas. La luz del baño brillaba contra su piel oscura y tersa. Ya se había puesto las medias y los zapatos, pero todavía llevaba rolos en el pelo. Todos estábamos de buen humor, sobre todo yo. Había convencido a mis padres que permitieran un pintalabios de brillo con sabor a *banana* que compré en la farmacia de la esquina con mi propia mesada. Y ahí estaba el famoso *lip gloss* en su potecito, listo para embellecer mis labios. Yo estaba muy orgullosa de mi poder de persuasión. Pensar que había convencido a mis padres de dejarme usar maquillaje a la tierna edad de once años.

Mami tenía la pomada *Vitapoint* en una mano y el peine grande de plástico en la otra. Desenredaba mi pelo cuidadosamente y después me lo dividía en porciones para trenzar. Mientras tanto, yo le pasaba las horquillas y sujetaba dos lazos blancos, cuidando de que no se ensuciaran. Con ellos Mami adornaría la punta de mis trenzas para dar el ultimo toque de elegancia a mi ajuar de Navidad.

En lo que terminaba, mi madre le dijo a mi padre:

—Coño, Juan, ven con nosotros. No me puse tan bonita bailar sola toda la noche.

—¿Y tus hermanas, van a estar?

—Claro, negro—le respondió, sonriente y distraída.

—Entonces yo no voy.

La respuesta de mi padre cayó como un cubo de agua fría en medio del baño. De pronto se le ensombreció la cara a mi madre. A través del espejo, yo podía ver cómo sus ojos se convertían en dos puñales filosos. La mirada de mi madre podía sacar sangre, igual que el filo del cuchillo de mi abuela para degollar a gallinas, cuando quería hacer un asopao. Eché una mirada nerviosa a mi alrededor. Mi hermano seguía ahí, sentado en el inodoro, sin enterarse de nada. Me imagino que pensaría que esta era una de las muchas discusiones de siempre, un simple malentendido que no tendrían mayor consecuencia que un silencio tenso de algunas horas. Un silencio que mi madre rompería con su risa, con su escoba, sus trastes de cocina, alguna canción. Pero yo sabía que esta discusión no era como las otras. Nunca había visto así a los ojos de mi madre. Querían degollar a Papi. Lo iban a matar. Aquellos puñales lo rajarían, lo despellejarían y lo echarían en un caldero hasta que se cocinara bien.

Mi padre cambió de estrategia. Suavizó la voz, pero se mantuvo firme:

—Por favor, Mariana, no insistas. Sabes que no soporto a tus hermanas. En el trabajo nunca dejan de recordármelas. No veo por qué tengo que aguantarlas en Nochebuena también.

—Después de lo que han hecho por nosotros . . .

—Hemos ganado lo que tenemos con mucho esfuerzo. No les debemos nada.

—Ave María, Juan, tú sabes que eso no es cierto.

—Mira, Mariana, prefiero morirme antes que pasarme la noche escuchando la gritería de esas mujeres y haciendo de anfitrión—alzó la voz, ya no podía disimular su enojo— ¡Quién se lo podría imaginar! Esas hermanas tuyas, tan elegantes, tan profesionales. ¡Pero pónles una musiquita y ábreles una botella de ron, para que veas que rápido te montan un espectáculo! Les encanta hacer el ridículo.

—Ten cuidado con lo que dices de mis hermanas—dijo mi madre tristemente. Pero sus ojos la traicionaban. Sus ojos brillaban como de fiera. Era increíble que mi padre no lo notara. Sólo tenía que verla al espejo.

—Ay, Papi, cállate ya—murmuré muy bajito, tan sólo yo me oía—Mami te va a apuñalar con esos ojos . . . ¿Por qué no te das cuenta?—Pero él no hacía caso. Continuaba afilando la furia de mi madre—. Papi, ya, por favor, no sigas . . . —Yo quería que mis capacidades de persuasión funcionaran ahora . . . queria que mi *lipgloss* se transformara en un micrófono oculto, que mis palabras pudieran advertirle a Papi que se acercaba una tormenta de cuchillos en los ojos de mi madre. Pero no le llegó el mensaje.

—Es la verdad. Esas hermanas tuyas son insoportables. Y tú las defiendes como si . . .

—¡Son mis hermanas!— Por fin estalló mi madre, mientras se arrancaba los rolos junto con mechones de pelo que tiraba por dondequiera. De dos zancazos cruzó el pasillo rumbo al dormitorio, encontró el zapato perdido de mi hermano y se lo atacuñó en el pie mientras seguía gritando.

—¡Estoy harta de esta mierda! ¡Sólo quería pasarlo bien con la familia, con toda mi familia! ¿Acaso eso es mucho pedir?—Terminó de vestir a Juan Carlos en menos de lo que canta un gallo; ahí estaba mi pobre hermano, vestidito y perfumado en medio de aquella batalla y sin saber dónde meterse.

—¡Si no querías ir, me lo pudieste haber dicho de otra forma! ¿Por qué tienes que venir a joderme las Navidades?

—¡No hables así delante de los niños . . . —vociferó mi padre tratando de usar el regaño para calmar a mi mamá.

—¡Hablo como me dé la gana!—Mami gritó y salió pasillo abajo como un torbellino. Juan Carlos y yo corrimos detrás de ella, ansiosos. Mi padre quedó atrás, parado en la puerta del baño, la cara sin expresión, la postura abatida.

Mi madre abrió la puerta de su Volkswagen azul con lágrimas en los ojos. Adentro el Volky olía a pino, como las Navidades. Pero a Juan Carlos y a mi no nos olían ni las azucenas. Estábamos melancólicos y nerviosos camino a casa de abuela. Mi hermano me miraba en silencio, a mí, su hermana mayor, en busca de algún consuelo, alguna respuesta que le explicara lo que pasó en el baño, aquella hecatombe. Esperaba un plan. Que yo le propusiera consolar a Mami o que defendiéramos a nuestro papá, o que montáramos una pataleta y nos escapáramos del carro para provocar una crisis familiar que contentara a nuestros padres, como ocurría en las telenovelas. ¿Pero qué iba a saber yo lo que teníamos que hacer? ¿Por qué tenía que tragarme esa quemazón en la garganta y esta tragedia? ¿Por una idiota fiesta de Nochebuena en casa del idiota de don Agapito? Me puse a mirar ventanilla afuera sin hacerle caso a los ojos suplicantes de mi hermano. Si lo seguía mirando iba a echarme a llorar.

Cuando llegamos a casa de abuela la comida ya estaba sobre la mesa. Mis tías pululaban por la casa. Los músicos empezaban a llegar, a descargar sus instrumentos y sus equipos de sonido. Todo era felicidad y alegría. Pero mi hermano, mi madre y yo andábamos como flotando en un vacío. Yo sentía que el corazón se me queria salir del pecho. Parecía que en cualquier momento Juan Carlos iba a romper a llorar. Mi madre saludaba a sus hermanas con una sonrisa forzada, medio sosa. Ni siquiera recuerdo si la cena de aquella Nochebuena me gustó; creo que ni la probé.

Después de cenar, todos nos sentamos en balcón de la abuela a mirar a los músicos prepararse para la fiesta de don Agapito. Ellos conectaban sus guitarras y cuatros a amplificadores con extensiones eléctricas. En el trajin, la panza de don Benny se asomaba por los botones de su camisa a rayas y cuando se doblaba para enchufar los cables al altavoz, se le veían las nalgas. —¡Miren la alcancía de don Benny!—bromeaban mis primas Mayrita y Astrid, aguantando la risa, mientras señalaban las carnes fofas de don Benny que desbordaban sus pantalones. Desde el balcón se podían distinguir las bandejas de aperitivos, que lucían todo su esplendor en una mesa al lado de la barra. Titi Cuca y titi Cusita las habían organizado con mucho esmero antes de que llegáramos. —Para entretenernos—decían ellas—después de domarle las greñas a Mami, y a Cruzjosefa, nos sobró un montón de tiempo entre las manos.

Esa Nochebuena soplaba un aire fresco, humedecido por los pequeños aguaceros que siempre caen en las tardes de diciembre. La brisa olía a salitre y a azahar. De repente, comenzó a sonar la música. Esa fue señal suficiente para que el clan Febres se levantara del balcón, ayudara a la abuela a buscar su caja de dientes, sus espejuelos postizos y las llaves. Cruzamos la acera. Llegamos a casa de don Agapito, y mi madre hizo lo que nunca, se apartó a un rincón, cerveza en mano. Titi Cuchira y Titi Cruzjosefa fueron animarla.

—Pero, muchacha, olvídate de ese tipo. No dejes que te dañe la noche. Mira, Mamita, tómate un poco de coquito, anda, un traguito.

Mi madre se tomó un sorbo del coquito y otro de cerveza y continuó conversando con sus hermanas. Poco a poco empezaba a sonreir. Mi hermano y yo observábamos de lejos cómo volvía en sí, cómo iba lentamente retornando a ser la mujer simpática y fiestera de siempre. Mariana Febres y su risa. Mariana Febres, limpiándose de toda congoja. Mariana Febres convirtiendo el insulto en fiesta y la Navidad en un evento qué recordar. Ya asumía plenamaente su papel de anfitriona, riéndose y saludando a los invitados. En medio de la fiesta, don Benny le dedicó una canción y ella agarró de la mano a don Agapito y lo arrastró al centro de la marquesina a bailar.

No lo podía creer. Ahí estaba mi madre bailando como si nada hubiera pasado. ¡Después de que sus ojos quisieron degollar a mi padre! ¡Después de explotarme el pecho con sus gritos! ¿Estar ahí bailando cuando hace apenas unas horas se deshacía en lágrimas, empujándonos carro adentro como si fuéramos unos guiñapos? ¿Para qué tanto show? Mi padre estaría en casa dando vueltas, o en el carro, matando el tiempo solo, como siempre. Y mi madre acá, con nosotros, ocupándose de hacer reir. Toda esa ira, toda esa angustia, para nada. Furiosa, salí de la casa de don Agapito y fui a sentarme en balcón de la abuela. No estaba para celebraciones. Abri la cartera, saqué el *lip-gloss* y lo miré. Ningún mensaje enviado, ninguno recibido. Compadecida de mi suerte, abri el potecito y me puse un poco de brillo en los labios.

No sé cuanto tiempo estuve sola, sentada en aquel balcón. Sólo recuerdo que de pronto vi a Mami acercándose con su más amplia sonrisa.

—Ahí estás, nena—me dijo—te he buscado por todas partes. ¿Quieres una alcapurria? Doña Gladys va a freir unas ahora mismo.

Tan pronto como la miré, se me saltaron las lágrimas. Volví la cabeza para que no me viera. Mami se sentó a mi lado silenciosamente, y ahí se quedo, muy callada, pegada a mí, esperando. Yo no podía hablar. Los pensamientos, confusos e incoherentes, no se convertían en palabras. Quería decirle que no debería tratar a Papi de esa forma, aunque a veces se portara como un idiota. Quería gritarle que no debería estar tan alegre, que debía sentirse confundida y amargada como yo. Pero no me salían las palabras. Sólo podía sentir los ojos ahogados en lágrimas y agarrar el potecito de brillo entre ambas manos.

Después de un rato habló ella.

—Tú no te preocupes. Fue solamente una discusión. La gente pelea todo el tiempo.

—Pero los padres no deben pelearse, sobre todo en Nochebuena.

—Y esa mentira, ¿quién te la contó?

—Nadie pelea tanto como Papi y tú. Eso no puede estar bien.

—Lo más probable. Pero no puedes permitir que se te dañe la fiesta. Hoy es Nochebuena.

—Ya no tengo ganas de esperar la Navidad.

—¿Cómo que no? Siempre debes tener ilusiones, siempre debes esperar los buenos momentos. Si no los esperas, nunca llegan.

—¿Y si nunca llegan, Mami, por más que los espere?

—Siempre llegan. Pero los tienes que llamar.

—¿Cómo se hace eso?

—Riéndo y bailando. Al principio puede que no te salga, que no te den las ganas. Pero de repente, tus pies se hacen ligeros, la boca se rie sola. Y ahí vas, otra vez, alegre y feliz como una lombriz.

—Pero eso sólo dura un ratito, lo que dura la música. Cuando se acaba la fiesta, se acaba esa felicidad.

—A veces eso es lo que necesitas, un poquito, un chispitin de alegría para levantarte el corazón. Después, tú misma te las arreglarás—me decía, mirando el cielo.

Mi madre se quedó conmigo un rato más. Cogidas de la mano, contemplamos las estrellas, escuchamos música y cantamos de memoria algún aguinaldo. Ahí sentadas en el balcón de la abuela, solitas las dos. Cuando volvimos a la terraza de don Agapito, bailamos juntas. Y ocurrió lo que Mami dijo. Me empecé a sentir bien. Hasta tomé coquito que abuela me sirvió en un dedal. Creo que me emborraché un poquito. Cuando terminó la fiesta, le di un beso a don Agapito. Mi beso en su mejilla olió a coco, a canela y ron.

—Mariana, esta hija tuya está de lo más contentita . . . —le dijo a Mami, riéndose.

—Adiós, Agapito, ¿Y qué esperabas? A fin de cuentas, es del clan de las Febres.

Sandunguera desde chiquita. Nació con la música por dentro.

Tres leches

PUERTO RICO

Nuestro amigo Luis Miguel Rodríguez Villa nos dio esta receta. Su hermana, Maria Cristina Rodriguez de Littke, ganó un concurso patrocinado por el periódico *San Juan Star*. Cuando nosotros lo preparamos, en seguida comprendimos por qué ganó el premio del mejor bizcocho tres leches de la Isla. Es una versión muy sencilla de un postre cuya preparación puede ser muy laboriosa. El bizcocho este es realmente pecaminoso (para los que se preocupan por la dieta), pero cada caloría es una delicia y vale la pena.

EL BIZCOCHO

3 huevos
1 taza de azúcar
¼ taza de leche
1 taza de harina
1½ cucharditas taza de polvo de hornear
1 cucharada de vainilla

EL RELLENO

1 lata (14 onzas) de leche condensada endulzada
1 lata (12 onzas) de leche evaporada
1 cucharada extracto de vainilla

EL ADORNO

1 taza de crema fresca

Precalentar el horno a 350 grados.

Separar las claras de las yemas. Batir las claras con el azúcar a punto de nieve. Ir añadiendo las yemas una a una. Agregar alternando la leche, la harina y el polvo de hornear. Agregar la vainilla y seguir mezclando.

Verter en un molde engrasado y hornear 45 minutos o hasta que un cuchillo metido en el centro salga limpio.

Sacar el molde del horno y con un tenedor hacerle pequeños agujeros a la superficie uniformemente.

Dejar enfriar.

En un tazón grande, mezclar la leche condensada y evaporada y la vainilla hasta que estén bien unidos. Verter sobre el bizcocho y esparcir hasta cubrirlo todo.

Batir la crema fresca hasta que se transforme en espuma. Extender sobre la superficie del bizcocho.

Esta receta es suficiente para 10 o 12 raciones.

Ray Suárez

Ray Suárez se crió en Brooklyn, Nueva York. Es el presentador del premiado noticiero "Talk of the Nation" del National Public Radio, reportero de la estación WMAQ-TV (afiliada con NBC) y Radio CBS de Roma, corresponsal de CNN en Los Angeles y productor de la ABC Radio Network de Nueva York. Ha publicado en los periódicos The Washington Post, The New York Times, The Chicago Tribune *y* The Baltimore Sun, *entre otros. Es el autor de* The Old Neighborhood *(Simon and Schuster/Free Press), un estudio sobre los cambios demográfico-raciales en los centros urbanos norteamericanos.*

NUESTRA NAVIDAD EN CHICAGO

UNOS DÍAS antes de Navidad, la escarcha se nos metía por las viejas ventanas del departamento. Casi no se veía la calle. Pero se oían unos sonidos extraños, lejanos y familiares. Nos acercamos a la ventana para borrar el vapor de los cristales y ver el parque del aldea. Los sonidos no llegaban con el aire helado inmóvil.

Un pequeño grupo de gente, con guitarras, maracas y un güiro, se acercaba a nuestra casa. El dorado resplandor de los faroles se reflejaba en una nueva capa de nieve. Nuestros amigos, riéndose y abriéndose camino por el parque blanqueado e iluminado, nos mandaban plumas de vapor al respirar. Había llegado la Navidad con sus músicos congelados y su coro helado. Nos detuvimos a mirarlos un rato antes de abrirles la puerta.

Normalmente para esta temporada, mi esposa y yo ya habríamos hecho las reservaciones para volver a Nueva York. Casi todas las Navidades habíamos vuelto a Brooklyn, siguiendo el destino siempre anhelado, como fuera o desde donde fuera: de Londres, de Roma, de Los Angeles o de Chicago. Llegábamos a veces unos días antes de las fiestas, Nochebuena y a veces a las horas inverosímiles del amanecer el día mismo de Navidad, cuando los aeropuertos Kennedy o La Guardia estaban abandonados y silenciosos como tumbas. Siempre convencíamos a un pariente soñoliente u otro que nos fuera a buscar al aeropuerto en su carro.

Pero estas Navidades no nos pudimos mover; mi esposa estaba encinta con nuestro primer hijo. Habíamos estado renovando —cuando el presupuesto nos lo permitía— una casa antigua, una belleza un poco decaída de ochenta y cinco años que daba a un parquecito. Nuestro barrio en Chicago, Palmer Square, desde su nacimiento a principios de siglo, había sido el destino de olas sucesivas de inmigrantes: primero las pequeñas burguesías noruegas, suecas y alemanas, luego vinieron los ucranianos, los judíos, los rusos y los polacos, y por fin los puertorriqueños, cubanos y otros latinos, que habían emigrado de zonas tan lejanas como Tierra del Fuego.

A finales de los ochenta, los puertorriqueños y los mexicanos se pusieron a comprar y remodelar casas en las calles laterales que desembocaban en una preciosa avenida ancha que pasaba por el barrio como una cinta. Las casas eran de dos o tres departamentos, lo cual facilitaba compartir los pagos de la hipoteca con algún familiar.

Se podían comprar casas de piedra muy bellas de la época de la primera guerra mundial por unos precios impensables en zonas de la ciudad más aburguesadas. Un nuevo grupo social —el de los *yuppies* latinos, a quienes no les asustaba el ambiente hispano—empezó a llegar desde la zona del Lakefront.

Pues ahí estábamos, un nuevo sector social latino. Casi todos éramos la primera generación en nuestras familias que había estudiado, que había adquirido títulos universitarios y que se había instalado profesionalmente en las grandes corporaciones. Claro está que los latinos habían trabajado en la zona del *Loop* desde siempre, pero hasta ese momento, se veían limitados a constituir la fuerza laboral de los hoteles y restaurantes.

Y nunca nos olvidamos de nuestros orígenes latinos. Muchos habíamos nacido allá, otros acá. Nos habíamos establecido en varios campos profesionales: había un MBA ecuatoriano, un agente de bienes raíces de ascendencia mexicana, un funcionario municipal, otro mexicanoamericano que era gerente de una empresa no comercial. Estaban los puertorriqueños nacidos acá que hablaban el inglés con acento, y los nacidos allá que hablaban el español con acento. Casi todos teníamos unos treinta años. Eramos ambiciosos, progresistas y políticamente activos. Eramos cariñosos y amigables, pero cuando hacía falta, éramos agresivos y luchadores.

Nos conocíamos a través de los circuitos informales del barrio—de reuniones políticas, de fiestas para recoger fondos, de reuniones en centros de la comunidad. Algunas amistades eran de la época universitaria. Compartíamos una vida social, nos cuidábamos a los niños, celebrábamos cumpleaños, nos veíamos de vez en cuando para tomar unos tragos. Ahora era Navidad, y a alguien se le ocurrió lo de la parranda. Nosotros nos echamos a reír. La parranda era una preciosa tradición, pero pegaba más con el mundo tropical de casas bajitas y pueblos pequeños. Traer la tradición a una gran ciudad del norte sería como traer al coquí, una especie de sapo puertorriqueño que se muere si lo sacan de la Isla.

En las parrandas, músicos tocando y cantando los aguinaldos tradicionales iban de casa en casa en busca de una cariñosa acogida, comida y bebida. Los parrandistas cantaban—a veces desafinados—a cambio de ofrendas culinarias navideñas. En cada casa se unía más gente al grupo: amigos, parientes y vecinos. Es una tradición bellísima que formaba parte de un Puerto Rico antiguo, un Puerto Rico que quizás estuviera desapareciéndose, un Puerto Rico donde la gente conocía a sus vecinos, incluso los aspectos más íntimos de su vida.

En el Chicago de las últimas décadas del siglo veinte, la comunidad latina reinventó el concepto de parentesco. Nos habíamos convertido en seres híbridos. Esta nueva versión de la parranda sería una fusión del cariño y la hospitalidad que era parte fundamental de nuestra cultura con la conciencia de la precaución que definía nuestro nuevo papel de proprietario, que tanto nos costó alcanzar. No todos los que querían participar iban a ser bien recibidos.

Tendríamos que pactar de otras formas también. Sería imposible que mi esposa Carole, que estaba a punto de entrar en su último mes de embarazo, se pusiera a preparar los complicados platos típicos de la temporada navideña: los pasteles, el pollo guisado y los pastelillos llevaban mucho tiempo y costaban esfuerzo considerable. Pues la abuela nos tendría que perdonar, tendríamos que comprar estas exquisiteces ya preparadas, en Sabor Latino, uno de varios pequeños restaurantes del barrio que estaban luchando por salir adelante.

Hicimos las invitaciones en las computadoras, adornamos las casas, pedimos la comida, compramos el ron y la cerveza. Unos días antes de la celebración, una ola de frío terrible bajó del Canadá; serían las Navidades más frías en más de veinte años. Perfecto. Era precisamente lo que nos faltaba para recordarnos que ya no estábamos en la Isla.

Luego empezaron las consultas telefónicas, que si deberíamos ir de casa en casa, que si las tres mujeres embarazadas deberían ir en carro y todo los demás de esta parranda al estilo Iditarod con raquetas de nieve. Seguimos con nuestro plan original. Un empleado de Sabor Latino llegó, completamente congelado y con una hora de retraso. Pero por lo menos llegó antes de los invitados, que también iban con retraso. La primera parada de la ruta estaba a la vuelta de la esquina y todavía no se habían aparecido.

Encendimos las velas y bajamos las luces. La casa empezó a llenarse de los aromas de cantidades descomunales de comida puertorriqueña. Nos pusimos a mirar por las ventanas congeladas esperando a los primeros invitados. Dejar la puerta abierta —lo tradicional— hubiera sido imposible con estas temperaturas que bajaban a los diez grados. Por fin empezaron a aparecer los parrandistas, con alguna mujer encinta entre ellos. Subieron las escaleras y llegaron a nuestro departamento con las caras coloradas del frío y los ojos brillantes. Siguieron cantando en la sala.

Los anglos que estaban entre nosotros se dispersaron entre los recién llegados. Todos bebían y sonreían. Algunos se pusieron a hablar los restos del español que habían aprendido en el *high school,* otros participaban en el canto, aunque fuera con la ayuda de las hojas de música. Quedaron maravillados, absorbiéndolo todo. La fiesta era el resultado de la poderosa combinación de emigración y el acceso a los mundos universitarios y profesionales.

Todos estábamos conscientes de que lo que nos unía y sostenía era nuestra convicción que algo mucho más potente que la amistad nos había unido. Y eso era nuestras raíces, nuestras historias familiares, las luchas de los recién emigrados y el conflicto con respecto a nuestra presencia en este país y con la cultura norteamericana. Nos unían vínculos religiosos (aunque muchos éramos católicos no practicantes, incluso ateos), lingüísticos (aunque también había toda una gama de facilidad lingüística con el español: algunos lo hablaban con una fluidez casi poética, otros macarrónicamente). El tiempo que llevábamos en los Estados Unidos también variaba—algunos habían estado unos años, otros llevaban varias generaciones y otros, sobre todo los del sur de Tejas, desde los comienzos de la historia del país.

Pero todos nos considerábamos parte de la *raza*, quizás una identificación más sentimental que objetiva. ¿Era tan flexible esta noción de la identidad que podríamos ampliarla o limitarla según nuestros deseos y necesidades? Quizás. Pero aquí en esta ciudad, tan lejos de donde habían empezado su largo viaje los Giraldo, los Lara, los Martínez, los García y los Suárez, no teníamos que analizar la cuestión de la identidad con tanta sutileza. Nos veíamos a nosotros mismos en las caras y en los ojos de los demás, y esa sensación de especularidad nos bastaba para entenderlo todo. Para los que estábamos lejos de nuestra tierra, lejos de nuestros parientes de quienes habíamos heredado los nombres y el ADN, nuestra comunidad latina era lo que más se acercaba a familia, después de tantos largos viajes y andanzas. Para estas fiestas navideñas, habíamos creado un país cálido y acogedor. Era Navidad en nuestra Panamérica, y aunque nuestra patria nueva nunca se le representaría en un programa especial navideño televisivo, sabíamos que todos habíamos emprendido unos viajes que nos conducirían a espacios y a destinos que tenían muy poco que ver con nuestras respectivas patrias natales.

Alguien sacó una botella de Pitorro, un aguardiente puertorriqueño casero que a veces se guarda en botellas para lejía bien lavadas. Y yo, a pesar de llevar una vida demasiado ajetreada como para poder elaborar el tradicional coquito navideño, le robé tiempo al tiempo para poder hacerlo. No iba a permitir que faltara un elemento tan emblemático de las Navidades en Puerto Rico. La gente siguió cantando. Los Reyes magos del nacimiento colocado sobre la repisa de la chimenea miraban con fijeza el árbol de Navidad silencioso e iluminado.

Cuando los parrandistas estaban en camino a la próxima casa, respiramos hondo y nos pusimos a recoger. Después de haber dado tantos saltos, nos encontramos en casa, en lo que se había convertido en nuestro hogar. Les habíamos cogido mucho cariño a toda esta gente, y estábamos encantados de pasar las fiestas con ellos.

En el Día de Reyes, por la tarde empezaron las contracciones de Carole.

Guardé los adornos navideños, sabiendo que pronto no habría mucho tiempo para estas tareas. Chicago seguía helado, desde las Navidades hasta los principios de este nuevo año. La mañana siguiente, nos metimos en el carro y nos dirigimos al hospital por las calles frías. Rafael nació unas horas después y lo acurrucamos en los brazos. Había llegado un poco tarde para la fiesta, pero para nosotros, llegó justamente a tiempo.

Coquito

PUERTO RICO

Cuando nos envió esta receta, Ray Suárez incluyo estas instrucciones: "Si eres ortodoxo, purista, tradicionalista o independentista, tienes que empezar desde la nada y extraer la leche del coco con un martillo. Hay que poner la carne en remojo y entonces pasarla por una gasa fina de algodón o un colador muy fino. Si eres más moderno, vete al supermercado y compra coco que viene ya pelado, cortado en pedazos. Se pone en remojo y se escurre el líquido para que no quede pulpa. O puedes evitar todo este trabajo y comprar leche de coco enlatada (perdónenme, puristas). Esta receta no se puede preparar con mucha antelación porque lleva yemas de huevo crudas y hay que evitar la posibilidad de salmonela. Si quieres reducir las preparaciones frenéticas de última hora, puedes preparar el coquito máximo 2 horas antes de la llegada de los invitados. Yo siempre bebo coquito con gente a quien quiero mucho y sugiero que hagas lo mismo."

1 lata de leche de coco (14 onzas)
2 tazas de ron blanco del bueno (se podría usar el de calidad inferior, pero no es aconsejable)
4 yemas de huevo
1 lata de leche condensada (12 onzas)
1 ¼ cucharadas de nuez moscada o canela en polvo (¼ cucharada para la mezcla, 1 cucharada para adornar)

Mezclar todos los ingredientes en una licuadora a máxima velocidad. Envasar la mezcla en botellas de cristal y enfriarlas por un mínimo de 1 hora hasta un máximo de 2. Agitar un poco antes de servir.

Esta receta es suficiente para 10 o 15 personas.

EL ASALTO

LAS PARRANDAS PUERTORRIQUEÑAS se parecen mucho a las posadas mexicanas. Los parrandistas van de casa en casa cantando los tradicionales aguinaldos del país. Las mejores parrandas, o "asaltos", son las que llegan de sorpresa, normalmente cuando los de la casa están durmiendo. Se aparecen los parrandistas pidiendo ron. En cualquier momento de la época navideña — que se inicia a principios de diciembre y se clausura el Día de Reyes, el 6 de enero—se puede despertar a cualquier familia a quien se le haya ocurrido acostarse temprano. De pronto oyen el canto—Este es el asalto, este es el asalto / De la Navidad. / Si no tiene el trago, mándelo a buscar —acompañado del cuatro, de la guitarra, del güiro y de las maracas.

Este es el asalto, este es el asalto
De la Navidad.
Si no tiene el trago, mándelo a
    buscar
Si no tiene el trago, mándelo a
    buscar.

Levante compadre,
Levante compadre
Y ábranos la puerta
Que la Nochebuena
Es noche de fiesta
Que la Nochebuena
Es noche de fiesta.

Este es el asalto, este es el asalto
De la Navidad.
Si no tiene el trago, mándelo a
 buscar
Si no tiene el trago, mándelo a
 buscar.

Pensamos cantarle,
Pensamos cantarle
Hasta que amanezca
Levante compadre
Y ábranos la puerta
Levante compadre
Y ábranos la puerta.

Este es el asalto, este es el asalto
De la Navidad.
Si no tiene el trago, mándelo a
 buscar
Si no tiene el trago, mándelo a
 buscar.

Ya estamos adentro,
Ya estamos adentro
Vamos a gozar.
Que las Navidades
Son para bailar.
Que las Navidades
Son para bailar.

Este es el asalto, este es el asalto
De la Navidad.
Si no tiene el trago, mándelo a
 buscar
Si no tiene el trago, mándelo a
 buscar.

Sírvase un palito
Sírvase un palito
Para calentar
Pa' que mi garganta
Se pueda aclarar
Pa'que mi garganta
Se pueda aclarar.

Este es el asalto, este es el asalto
De la Navidad.
Si no tiene el trago, mándelo a
 buscar
Si no tiene el trago, mándelo a
 buscar.

Agradecimientos

ESTE AÑO, las Navidades se prolongaron y fueron más sorprendentes y emocionantes que las de otros años. Nuestro proyecto nos tuvo tarareando aguinaldos hasta los calurosos días de agosto, e incluso más allá, hasta cuando las hojas empezaron a cambiar de colores y por fin se cayeron, cubriendo la tierra como una alfombra tupida. Ese verano y ese otoño nos llegaron unos regalos maravillosos: cuentos, poemas, canciones y recetas heredadas y conservadas como tesoros. Estos "regalos" representan el legado cultural de una tradición que se ha mantenido viva por la voluntad de los que se han negado a olvidar sus raíces culturales.

Estamos profundamente agradecidas a los autores—fueron veinte. Algunos interrumpieron sus propios proyectos para contribuír textos a nuestra antología. Nuestras "mamis", tiàs, suegras y familiares lejanos y cercanos se merecen nuestras humildes gracias por habernos enviado las recetas. Quizás por primera vez fueron midiendo y calculando los ingredientes y las varias etapas de la elaboración de unos platos para que nosotras pudiéramos presentar las recetas y para que los lectores las pudieran duplicar.

Mil gracias a Laura, Jennifer, Emily y Daniel Cohen, Sandra, Essie y Alex Cohen, Francesca y Miranda Jones, Karen Dressner, Judith Azaña, Ginger

Varney, e Ila Cantor: Todos ellos colaboraron en la cocina picando, envolviendo, salteando, friéndo y cocinando para facilitar nuestra labor. Steven y Laura Cohen nos brindaron su casa muy generosamente y nos dieron total libertad en su espaciosa cocina. Confirmaron todas esas cualidades que asociamos con la Navidad: la generosidad, la celebración de la vida, los vínculos familares, la amistad, la tradición y la diversión. Estos son los pequeños milagros que tenemos que valorar.

Dos amigas muy especiales nos apoyaron cariñosamente através del proceso: nuestra agente, Molly Friedrich, y nuestra editora Robin Desser. Se incorporaron al jolgorío de esas Navidades que llegaron prematuras a Westchester County. Aquel día, la cocina de los Cohen se convirtió en una fábrica de platos navideños latinos. Ahora Molly y Robin saben envolver pasteles y tamales como cualquier experta en la materia.

Frank Cantor, el esposo de Esmeralda, se dedicó a filmarnos estilo cinema verité. Nos ha quedado ese día plasmado para siempre en un video memorable. Estabámos nerviosas, alegres y cansadas—todo a la vez. Para calmarnos, Lucas Cantor nos tocaba música jazz en su guitarra.

Y por fin, unas muy cariñosas gracias a Eileen Rosaly por habernos presentado. De ese primer encuentro surgió una colaboración divertida y alegre y una amistad maravillosa.

Esmeralda y Joie

Una nota sobre el ilustrador

José Ortega nació en el Ecuador en 1965 y llegó a los Estados Unidos con cinco años de edad. Se graduó de la School of Visual Arts de New York en 1988 y ha contribuido ilustraciones, grabados, y pinturas a exhibiciones en los Estados Unidos, el Ecuador, Venezuela, Japón, y Rusia. Sus ilustraciones han aparecido en *The Washington Post*, *Newsweek* y *The New York Times* y ha hecho diseños para Bloomingdale's, Nike, Apple y MTV así que para muchas casas editoriales. Le han brindado honores The Society of Illustrators, American Illustration Print, Communication Arts, y Graphics. Ha recientemente acabado una serie de murales para la New York Metropolitan Transportation Authority. Actualmente reside y trabaja en la ciudad de New York.

Una nota sobre la traductora

Consuelo Arias nació en New York. Se doctoró en Princeton University, donde estudió literatura española e hispanoamericana. Actualmente está concluyendo un estudio sobre el exotismo modernista desde perspectivas teóricas feministas y póscoloniales.